2022年 秋季　　2023年 春季

実用タイ語検定試験

การสอบวัดระดับความสามารถภาษาไทย

過去問題と解答㉑

ข้อสอบและคำเฉลยปี 2022〜2023

ระดับ 3 ถึงระดับ 5

タイ検3級~5級

特定非営利活動法人
日本タイ語検定協会 監修
สมาคมสอบวัดระดับ
ความสามารถภาษาไทย

リスニングテスト
音声ダウンロード付
MP3 DL

TLS出版社

は じ め に

　日本とタイの関係は、アユタヤ時代より現代に至るまで約600年もの間続いており、日本が最初に外交関係を結んだ東南アジアの国ということもありますが、両国の関係はアジアにおいて最も安定していると言われています。タイから見て日本は貿易額・投資額・援助額の上位国であり、タイに進出している日系企業は1700社以上、タイを訪れる日本人は年間約160万人、タイに長期滞在する日本人は7万人、日本を訪れるタイ人は年間約130万人を超え、政治・経済・文化・観光など多岐に渡って緊密かつ緊密な関係を築いています。

　そのような関係の中で実用タイ語検定試験『タイ検』は、タイ語の需要・必要性の高まりとともに歩んで参りました。これまでに受験された多くの受験者の方々、そして皆様のご支援に改めて厚く御礼申し上げます。

　当協会は、法人様が人材を採用・登用する際の基準、各個人のタイ語能力のレベルチェック、学習目標、客観的評価基準としてご利用頂ける検定試験を提供し続けて参りました。タイ語に関する検定を行っている団体は様々ございますが、当試験はタイ語だけ、もしくは日本語だけを理解していても合格することが出来ない設定となっており、教科書や参考書の文章・例文として書かれたものだけではなく、実際にタイ人が日常使用している「生きたタイ語」を積極的に導入し出題しています。

　他にもタイ語の普及活動の一環として、会話が出来てもタイ文字の読み書きが出来ない方々のために、タイ語のカタカナ表記・ローマ字声調表記で出題される「5級」、タイで就職を希望する日本人のために、実務や職務上においてタイ人との意思疎通ができ、かつタイで社会生活を送るのに必要なタイ語能力の判定を行う「準2級」を日本国内で唯一設定しています。

　日タイ両国のビジネスシーンにおいて通訳、翻訳、そして商談の出来るレベルの人材を育成するプログラムの一環として、タイで社会生活を送るための自己啓発プログラムとしてもご利用頂ければ幸いです。

　また当試験におきましては、タイ王国大使館とタイ王国総領事館、並びにタイ王国教育省副大臣からの後援を頂いており、更に各界より多数のタイ関係著名人の方々が『タイ検』の趣旨に賛同して下さり、現在までに計19名様より推薦を頂いております。

　当試験を必要として下さる多くの方々に活用して頂ける様、今後も良質な検定試験を提供してゆく所存でございます。そして日本人にとってタイ語がより身近な言語となり、両国間の絆がより一層強固で親密なものとなる事を心より願っております。

　どうか今後とも皆様のご支援を何卒宜しくお願い申し上げます。

2024年2月

特定非営利活動法人　日本タイ語検定協会
理事長　大川寿郎

後 援 ・ 推 薦

■ 後 援 ■

・タイ国政府観光庁
・タイ王国大使館・総領事館
・タイ王国教育省 副大臣 ワラーコン・サームコーセート 氏

■ 推 薦 ■

・タイ王国教育省 元教育大臣 Dr.Bunsom Martin
・日タイ友好議員連盟 会長 衆議院議員 塩崎恭久 氏
・タイ王国教育省 教育研究議会 議員
　チンチャイ・ハーンチェーンラック 博士
・チュラロンコーン大学 文学部 タイ語学科 教授
　アナン・ラオルートワォーラクン 博士
・京都教育大学 准教授 佐々木真理 氏
・バンコク大学 法学部 ユッタナー・ジョンシリ 氏
・バンコク大学 語学研究所 ダラワディー・レーバーンコ 氏
・バンコク大学 語学研究所 プレーオパン・プリンプロム 氏
・国立タマサート大学 助教授
　ヌアンティップ・パームケーソーン 博士
・国立スコータイタムマーティラート大学 学長
　プラッヤー・ウェーサーラット 博士
・キングモンクット王立工科学院 ラーカバン校 機械工学部 助教授
　ジンダー・ジャルアンポンパーニット 博士
・国立マヒドン大学 評議員会 理事
　スープタラクーン・スントンタム 氏
・京都精華大学 理事長 杉本修一 氏
・京都精華大学 学長 中尾ハジメ 氏
・Thailand Post 会長（旧郵政省総裁）
　ティラーポン・スッティノン氏
・サイアムビジネススクール 総長 パジョン・カンタチャワナ博士
・衆議院議員 福井照 氏
・衆議院議員 細野豪志 氏
・２４時間で学ぶタイ語（１）（２）著者 アヌチャー・ワンナゴン 博士

順不同 推薦者 計１９名（２０２４年２月現在）

も く じ

※解答用紙と試験申込願書は切り取ってご利用頂けます。
　（Ａ４サイズに拡大コピーしてお使い下さい）
※各級リスニング試験の音声データ（ＭＰ３）ダウンロード方法は
　巻末袋とじの中をご覧ください。

■ 試験日、願書受付期間、実施要綱、諸注意につきましては、
　協会ＷＥＢサイトやＴｗｉｔｔｅｒにてご案内しています。

| ＷＥＢサイト | → http://www.thaigokentei.com |
| Ｔｗｉｔｔｅｒ | → @thaigokentei |

特　徴

　多くのタイ語学習者は、文字よりも会話を学習しているのが現状です。タイ文字の読み書きは出来ないが、話すことなら出来るという方が多いのではないでしょうか。しかし、その会話能力がどの程度の物か測る基準が今までありませんでした。そこで「タイ検」では、カタカナとローマ字発音表記で出題・解答を行う【5級】というレベルを設定しています。

　全級、試験問題はバイリンガルのタイ人が作成しているので、タイ語を学習したい日本人にとって、きわめて良質かつ実用的な資格、検定試験です。各級とも挨拶から政治経済用語まで、タイでの生活・ビジネスで頻繁に使う実践的な単語・構文が多く出題されるので、特に【3級】より上のレベルでは在タイ日系企業等での日本人採用基準となります。

　【準2級】では、タイで就労する上で職場のタイ人との意思疎通が滞りなく出来、かつタイで社会生活を送るのに必要なタイ語能力の判定を行います。【2級】と【1級】ではタイ語通訳者・翻訳者のスキルとして必要な専門用語や常識力を問う問題が含まれるため、クライアント側の依頼・委託・採用の基準となっています。

■ 協会WEBサイトにて各級サンプル問題がご覧いただけます。

　WEBサイト　　　→　http://www.thaigokentei.com

■ 協会WEBサイトにて試験申込願書を配布しています。

■ 試験申込願書は本書125ページにも収録されています。
　（A4に拡大コピーを行ってからご利用下さい）

■ 願書不要！検定料クレジットカード支払可能！インターネット上で手続きを行う「WEB出願」もございますのでご利用下さい。（日本国内限定）

評価基準と査定内容

5 級	**春季・秋季** 筆記：60分間 聴解：約10分間	入門レベルの文法知識と語彙をカタカナ発音表記またはローマ字発音表記で習得し、それらを用いて表現できること。ゆっくりであれば8単語程度までの簡単な文章の聴解と発音ができる。挨拶や自己紹介、意思表示が可能なレベル。 カタカナ・ローマ字発音表記の併記で出題　解答方式：マークシート
4 級	**春季・秋季** 筆記：60分間 聴解：約10分間	初級レベルの文法知識と語彙をタイ文字で習得し、それらを用いて表現できること。ゆっくりであれば10単語程度までの簡単な文章の聴解と発音ができる。簡単な会話が可能なレベル。 解答方式：マークシート
3 級	**春季・秋季** 筆記：60分間 聴解：約15分間	日常生活を送るのに必要な中級レベルの文法知識と語彙を習得し、それらを用いて表現できること。短い文章の読解・聴解・記述・口述ができる。日常生活においてタイ人と意思疎通が可能なレベル。 解答方式：マークシート
準 2 級	**春季のみ** 筆記：60分間 聴解：約20分間	社会生活を送るのに不可欠な中上級レベルの文法知識と語彙を習得し、それらを用いて的確に表現できること。やや長い文章の読解・聴解・記述・口述ができる。一般的な業務や職務においてタイ人との意思疎通が可能なレベル。 解答方式：記述
2 級	**秋季のみ** 2次試験あり 筆記：60分間 聴解：約20分間	社会生活を送るのに必要な上級レベルの文法知識と語彙を習得し、それらを用いて流暢に表現できること。高度な専門用語を含まない新聞記事・論説文・物語の読解、ニュース・アナウンスの聴解ができ、テーマに沿って論述することもできる。一般的なタイ語翻訳やタイ語通訳が可能なレベル。 解答方式：記述／2次口述：約40分
1 級	**秋季のみ** 2次試験あり 筆記：60分間 聴解：約25分間	標準的なタイ語を口語、文語ともに不自由なく使いこなし、タイ人と遜色なく自然かつ正確に表現できること。専門的な文献の読解と翻訳、司法行政、政治経済、商談契約に関する通訳ができる。全国通訳案内士の外国語筆記試験合格レベル。 解答方式：記述／2次口述：約40分

タイ語講座ご案内

日本におけるタイ語の普及啓発と学習者の能力向上活動の一環として
日本タイ語検定協会では習熟度に応じたタイ語講座を開講しています。

■ 内容 ■

協会が認定した経験豊富な上級講師が、過去問題の傾向を踏まえ、設問に対する考え方や解法の解説を行い、各能力の向上と知識の発展を図りつつ、試験合格を目標とした講義を行います。

■ 種別 ■

・ 5級レベル講座 （ローマ字発音表記を習得済の方が対象）
・ 4級レベル講座 （タイ文字の読み書きを習得済の方が対象）
・ 3級レベル講座 （4級を合格済の方が対象、それ以外の方は応相談）

■ 受講方法 ■

① 直接対面型グループレッスン形式

　※見学希望、開講予定日時、現在開講中の講座日時については協会WEBサイトを
　　ご覧いただくか協会事務局までメールでお問い合わせ下さい。

② ビデオ会議アプリ Zoom を使用するオンライン・ライブ配信形式

　※インストール方法や操作方法のサポートはいたしかねます。
　※システム要件やアプリダウンロードなどの詳細は下記ページよりお願いします。

　https://zoom.us/

■ 受講お申し込み・お問い合わせ先 ■

日本タイ語検定協会　事務局　タイ語講座係

※WEBサイト　http://www.thaigokentei.com/course.html

※メールアドレス　nihon@thaigokentei.com

タイ語検定 リスニング問題対策 に！

過去に実用タイ語検定試験で出題されたリスニング問題を収録した各級ごとの動画問題集！タイ語の聞き取り練習にご活用ください

タイ検3級『長文リスニング問題』

1巻につきタイ語の長文と設問5個を2度放送、2度目の放送では日本語訳とタイ語のテキストを併記し収録しています。

・価格 単巻 275 円(税込) / ①～⑩巻セット 2200 円(税込) ・購入日から 30 日間視聴可能

販売サイト URL：https://filmuy.com/tls-publishing/category/4436

タイ検3級『選択リスニング問題』

1巻につき10問、全10巻100問。問題文を聞いて適切な内容を選ぶ問題集です。

・価格 単巻 220 円(税込) / ①～⑩巻セット 1650 円(税込) ・購入日から 30 日間視聴可能

販売サイト URL：https://filmuy.com/tls-publishing/category/4714

タイ検4級『選択リスニング問題』

1巻につき10問、全10巻100問。問題文を聞いて適切な内容を選ぶ問題集です。

・価格 単巻 220 円(税込) / ①～⑩巻セット 1650 円(税込) ・購入日から 30 日間視聴可能

販売サイト URL：https://filmuy.com/tls-publishing/category/3846

タイ検4級『単語リスニング問題』

1巻につき10問、全10巻100問。発音を聞いて正しい意味を選択する問題集です。

・価格 単巻 220 円(税込) / ①～⑩巻セット 1650 円(税込) ・購入日から 30 日間視聴可能

販売サイト URL：https://filmuy.com/tls-publishing/category/5084

タイ検5級『リスニング問題』

1巻につき10問、全10巻100問のリスニング問題を収録した動画の問題集です。

・価格 単巻 220 円(税込) / ①～⑩巻セット 1650 円(税込) ・購入日から 30 日間視聴可能

販売サイト URL：https://filmuy.com/tls-publishing/category/3152

日本タイ語検定協会公式
キンドル版タイ語検定問題集！

電子書籍だからスマホやタブレットでいつでもどこでも
手軽に気軽に実用タイ語検定の過去問題にチャレンジできます！

タイ検３級『単語四択問題』編
購入画面URL：https://www.amazon.co.jp/dp/B0CJ2TN58Q/

- -

タイ検４級『並べ替え問題』編
購入画面URL：https://www.amazon.co.jp/dp/B07CRK7GFN/

タイ検４級『文章選択問題』編
購入画面URL：https://www.amazon.co.jp/dp/B0BHNS6WX2/

- -

タイ検５級『返答選択問題』編
購入画面URL：https://www.amazon.co.jp/dp/B08HMVSRK3/

タイ検５級『単語選択問題』編
購入画面URL：https://www.amazon.co.jp/dp/B083SHXYRM/

タイ検５級『並べ替え問題』編
購入画面URL：https://www.amazon.co.jp/dp/B07FY9TLTM/

・価格 各巻 880 円 (税込)　・Amazon Kindle にて取り扱い

Amazonの購入画面より無料サンプルをダウンロードできます
是非、お試しください

←リスニング問題集のご紹介は前のページをご覧ください

日本タイ語検定協会主催

２０２２年　秋季

実用タイ語検定試験５級

การสอบวัดระดับความสามารถภาษาไทย ระดับที่ ๕

２０２２年１１月６日実施

試験時間　東京・大阪・名古屋　１０：００～１１：１０

バンコク　　８：００～　９：１０

筆記試験　　６０分

（東京・大阪・名古屋１０：００～１１：００　バンコク　８：００～９：００）

リスニング試験　　１０分

（東京・大阪・名古屋１１：００～１１：１０　バンコク　９：００～９：１０）

受験番号＿＿＿＿＿＿＿＿＿＿

氏名＿＿＿＿＿＿＿＿＿＿＿

＜　受験上の注意　＞

① 試験開始の合図があるまで、問題用紙は開かないで下さい。

② 解答用紙に受験番号、氏名の記入のないものは受験無効となります。

③ 問題用紙にも必ず、受験番号、氏名をご記入下さい。

④ 問題用紙、解答用紙共に、試験終了後すべて回収します。会場からの持ち出しは厳禁です。

⑤ 解答の記入には、必ず黒鉛筆かシャープペンシルをお使い下さい。

⑥ 筆記試験時間は６０分です。筆記試験終了後、リスニング試験が行われますので、

　 解答記入終了後も席を離れないようお願い致します。

⑦ 試験問題についての質問は受け付けません。

⑧ 不正行為を行われた場合、解答はすべて無効となります。

⑨ 試験会場内では、試験監督の指示に従って下さい。

＜　マークシート要項の注意　＞

① 解答をマークする際は、はみ出さないように枠内を完全にぬりつぶして下さい。

② 解答を訂正する場合にはプラスティック消しゴムで完全に消して下さい。

マークシート記入例

【筆記試験】

1. 次の（　　　）内に入れるのに最も適切な語を選び、その番号をぬりつぶしなさい。

1) 日曜日、僕は会社で用事があります。
wanaathít phǒm （　　　） thúrá thîi bɔɔrísàt
ワンアーティット　ポム（　　　）トゥラ　ティー　ボーリサット

1. mii　　　　　2. yùu　　　　　3. tham　　　　　4. tôŋ
　ミー　　　　　　　ユー　　　　　　　タム　　　　　　　トン

2) 私はもう一度、ホアヒンに行きたいです。
dichán yàak pai hǔuahǐn （　　　） khráŋ
ディチャン　ヤーク　パイ　ホアヒン（　　　）クラン

1. nùŋ　　　　　2. ìik　　　　　3. lǎay　　　　　4. mâak
　ヌン　　　　　　　イーク　　　　　　ラーイ　　　　　　マーク

3) もし到着したら僕に電話をしてください。
thâa thǔŋ lɛ́ɛw chûay （　　　） hǎa phǒm nɔ̀y ná khráp
ター　トゥン　レーウ　チュアイ（　　　）ハー　ポム　ノイ　ナ　クラップ

1. bɔ̀ɔk　　　　2. sòŋ　　　　　3. sɔ̌ɔn　　　　　4. thoo
　ボーク　　　　　　ソン　　　　　　ソーン　　　　　　トー

4) ここに車を止めてはいけません。
hâam （　　　） rót thîinîi
ハーム（　　　）ロット　ティーニー

1. khìi　　　　　2. wîŋ　　　　　3. cɔ̀ɔt　　　　　4. khàp
　キー　　　　　　　ウィン　　　　　チョート　　　　　カップ

5) どうして今日遅れたのですか。
thammai wanníi khun maa （　　　　）
タムマイ　ワンニー　クン　マー（　　　）

1. naan
   ナーン

2. sân
   サン

3. sǎay
   サーイ

4. sàwàaŋ
   サワーン

6) 今朝、僕は７時に家を出ました。
mûɯwacháau phǒm （　　　　） càak bâan tɔɔn cèt mooŋ
ムーアチャーオ　ポム（　　　）チャーク　バーン　トーン　チェット　モーン

1. khâu
   カオ

2. ɔ̀ɔk
   オーク

3. dəən
   ドゥーン

4. ráp
   ラップ

7) 僕は犬を２匹飼っています。
phǒm líiaŋ mǎa sɔ̌ɔŋ （　　　　）
ポム　リーアン　マー　ソーン（　　　）

1. tuua
   トゥーア

2. lêm
   レム

3. an
   アン

4. dâam
   ダーム

8) タイ語は難しいですが、面白いです。
phaasǎathai yâak （　　　　） sànùk
パーサータイ　ヤーク（　　　）サヌック

1. kàp
   カップ

2. tɛ̀ɛ
   テー

3. lɛ́ɛw kɔ̂ɔ
   レーウ　コー

4. rɯɯ
   ルー

9) あなたは何曜日がお休みですか。
khun yùt wan （　　　　） khá
クン　ユット　ワン（　　　）カ

1. thîinǎi
   ティーナイ

2. thâurài
   タオライ

3. kìi
   キー

4. arai
   アライ

10) ペンで書いてください。
    karúnaa khǐian (　　　　) pàakkaa
    カルナー　キーアン（　　　　）パークカー

1. dooy	2. chái	3. dûay	4. lɛ́
ドーイ	チャイ	ドゥアイ	レ

2. 次の日本語を表すように単語を並び替え、（ A ）〜（ D ）に入る正しい単語の数字を
   ぬりつぶしなさい。

1) 彼はあまりスポーツをしません。
   (A)(B)(C)(D)

1. lên	2. mâi khôy	3. kiilaa	4. kháu
レン	マイ　コイ	キーラー	カオ

2) 私は喫茶店で働いたことがあります。
   dichán (A)(B)(C)(D)
   ディチャン

1. thîi	2. khəəy	3. thamŋaan	4. ráankaafɛɛ
ティー	クーイ	タムガーン	ラーンカーフェー

3) 明日、一緒に映画を見に行きませんか。
   phrûŋníi (A)(B)(C)(D) mái khá
   プルンニー　　　　　　　　　　　　マイ　カ

1. pai	2. kan	3. nǎŋ	4. duu
パイ	カン	ナン	ドゥー

4) 最近、時間がありません。なぜなら仕事が忙しいからです。
chûaŋníi (A)(B)(C)(D)
チュアンニー

1. weelaa	2. phrɔ́wâa	3. ŋaan yûŋ	4. mâi mii
ウェーラー	プロワー	ガーン　ユン	マイ　ミー

5) あなたの恋人のお名前は何ですか。
(A)(B)(C)(D) arai khá
アライ　カ

1. khɔ̌ɔŋ	2. chûɯ	3. fɛɛn	4. khun
コーン	チュー	フェーン	クン

6) 彼はタイ語を話すのがとても上手です。
(A)(B)(C)(D) mâak
マーク

1. kèŋ	2. kháu	3. phaasǎathai	4. phûut
ケン	カオ	パーサータイ	プート

7) お久しぶりですね。
(A)(B)(C)(D) ná
ナ

1. naan	2. cəə	3. mâi dâi	4. kan
ナーン	チュー	マイ　ダイ	カン

8) 来月、僕は日本へ帰ります。
dɯɯannâa (A)(B)(C)(D)
ドゥーアンナー

1. phǒm	2. klàp	3. cà	4. yîipùn
ポム	クラップ	チャ	イープン

9) レストランは午前 11 時から午後 11 時まで開いています。
   ráanaahǎan pə̀ət (　A　)(　B　)(　C　)(　D　)
   ラーンアーハーン　プート

1. thǔŋ	2. hâa thûm	3. sìpèt mooŋ	4. tâŋtɛ̀ɛ
トゥン	ハー　トゥム	シップエット　モーン	タンテー

10) 銀行はこのビルの１階にあります。
    (　A　)(　B　)(　C　)(　D　) nai tùk
    ナイ　トゥック

1. yùu	2. thanaakhaan	3. chán	4. nɯ̀ŋ
ユー	タナーカーン	チャン	ヌン

3. 次のタイ語の訳として最も適切なものを選択肢の中から選び、
   その番号をぬりつぶしなさい。

1) thùuk
   トゥーク

   1. 簡単 　　　　2. 安い 　　　　3. 短い 　　　　4. 低い

2) mùak
   ムアック

   1. 眼鏡 　　　　2. タオル 　　　　3. 靴下 　　　　4. 帽子

3) fan
   ファン

   1. 歯 　　　　2. 頭 　　　　3. 耳 　　　　4. 鼻

4) cam
   チャム

   1. 覚える 　　　　2. 聴く 　　　　3. 使う 　　　　4. 手伝う

5) aŋùn
   アグン

   1. パイナップル　　2. ぶどう　　　　3. マンゴー　　　　4. マンゴスチン

6) khêɛp
   ケープ

   1. 強い　　　　　　2. 重い　　　　　3. 狭い　　　　　　4. 広い

7) náam
   ナーム

   1. ミルク　　　　　2. 氷　　　　　　3. 砂糖　　　　　　4. 水

8) ai
   アイ

   1. 風邪をひく　　　2. お腹をこわす　3. 咳が出る　　　　4. 喉が痛い

9) kûŋ
   クン

   1. イカ　　　　　　2. エビ　　　　　3. カニ　　　　　　4. 鶏

10) dɔ̀ɔkmáai
    ドークマーイ

    1. 花　　　　　　　2. 木　　　　　　3. 葉っぱ　　　　　4. 野菜

4. 次の文を読んで、選択肢の中から<u>日本語の内容と最も近いもの</u>を選び、
その番号をぬりつぶしなさい。

1) 今日は雨が降ると思いますか。

　　1. khun khít wâa wanníi fŏn cà tòk mái
　　　クン キット ワー ワンニー フォン チャ トック マイ

　　2. khun khít wâa cà fŏn tòk wanníi mái
　　　クン キット ワー チャ フォン トック ワンニー マイ

　　3. wanníi fŏn cà tòk khun khít wâa mái
　　　ワンニー フォン チャ トック クン キット ワー マイ

　　4. khun khít mái wâa fŏn wanníi cà tòk
　　　クン キット マイ ワー フォン ワンニー チャ トック

2) あなたは彼が誰か、ということを知っていますか。

　　1. kháu rúu mái khun pen khrai
　　　カオ ルー マイ クン ペン クライ

　　2. khun rúu mái kháu pen khrai
　　　クン ルー マイ カオ ペン クライ

　　3. khun rúu kháu pen khrai mái
　　　クン ルー カオ ペン クライ マイ

　　4. khrai rúu khun pen kháu mái
　　　クライ ルー クン ペン カオ マイ

3) 私は市場へ歩いて行きます。

　　1. dichán cà dəən tàlàat pai
　　　ディチャン チャ ドゥーン タラート パイ

　　2. dichán cà pai tàlàat dəən
　　　ディチャン チャ パイ タラート ドゥーン

　　3. dichán dəən cà pai tàlàat
　　　ディチャン ドゥーン チャ パイ タラート

　　4. dichán cà dəən pai tàlàat
　　　ディチャン チャ ドゥーン パイ タラート

4)　あなたはタイの歌を歌うことができますか。

1. khun pen rɔ́ɔŋ phleeŋthai mái khá
   クン　ペン　ローン　プレーンタイ　マイ　カ
2. phleeŋthai khun pen rɔ́ɔŋ mái khá
   プレーンタイ　クン　ペン　ローン　マイ　カ
3. khun rɔ́ɔŋ phleeŋthai pen mái khá
   クン　ローン　プレーンタイ　ペン　マイ　カ
4. khun phleeŋthai rɔ́ɔŋ pen mái khá
   クン　プレーンタイ　ローン　ペン　マイ　カ

5)　妹は歌手になりたいです。

1. nɔ́ɔŋsǎaw pen yàak nákrɔ́ɔŋ
   ノーンサーウ　ペン　ヤーク　ナックローン
2. nɔ́ɔŋsǎaw yàak pen nákrɔ́ɔŋ
   ノーンサーウ　ヤーク　ペン　ナックローン
3. nákrɔ́ɔŋ yàak pen nɔ́ɔŋsǎaw
   ナックローン　ヤーク　ペン　ノーンサーウ
4. nɔ́ɔŋsǎaw pen nákrɔ́ɔŋ yàak
   ノーンサーウ　ペン　ナックローン　ヤーク

6)　誰もいないのですか。

1. khrai mâi mii yùu rǝ̌ǝ
   クライ　マイ　ミー　ユー　ルー
2. mâi mii khrai yùu rǝ̌ǝ
   マイ　ミー　クライ　ユー　ルー
3. mâi yùu mii khrai rǝ̌ǝ
   マイ　ユー　ミー　クライ　ルー
4. mii khrai mâi yùu rǝ̌ǝ
   ミー　クライ　マイ　ユー　ルー

7) 僕は６月３日に生まれました。

1. phŏm kə̀ət wanthîi sǎam dɯɯanmíthùnaayon
   ポム　クート　ワンティー　サーム　ドゥーアンミトゥナーヨン
2. phŏm kə̀ət sǎam wanthîi míthùnaayondɯɯan
   ポム　クート　サーム　ワンティー　ミトゥナーヨンドゥーアン
3. kə̀ət phŏm dɯɯanmíthùnaayon wanthîi sǎam
   クート　ポム　ドゥーアンミトゥナーヨン　ワンティー　サーム
4. phŏm wanthîi sǎam dɯɯanmíthùnaayon kə̀ət
   ポム　ワンティー　サーム　ドゥーアンミトゥナーヨン　クート

8) 何を注文したらいいですか。

1. cà sàŋ dii arai khá
   チャ　サン　ディー　アライ　カ
2. arai cà sàŋ dii khá
   アライ　チャ　サン　ディー　カ
3. cà sàŋ arai dii khá
   チャ　サン　アライ　ディー　カ
4. arai dii cà sàŋ khá
   アライ　ディー　チャ　サン　カ

9) どうぞここに座ってください。

1. thîinîi nâŋ chəən khráp
   ティーニー　ナン　チューン　クラップ
2. chəən thîinîi nâŋ khráp
   チューン　ティーニー　ナン　クラップ
3. nâŋ chəən thîinîi khráp
   ナン　チューン　ティーニー　クラップ
4. chəən nâŋ thîinîi khráp
   チューン　ナン　ティーニー　クラップ

10) 信号を右に曲がってください。

    1. khwǎa líiaw faidɛɛŋ khâ
       クワー　リーアウ　ファイデーン　カ

    2. faidɛɛŋ khwǎa líiaw khâ
       ファイデーン　クワー　リーアウ　カ

    3. líiaw faidɛɛŋ khwǎa khâ
       リーアウ　ファイデーン　クワー　カ

    4. líiaw khwǎa faidɛɛŋ khâ
       リーアウ　クワー　ファイデーン　カ

5. 次の文を読んで、選択肢の中から<u>タイ語の内容と最も近いもの</u>を選び、その番号をぬりつぶしなさい。

1) phǒm khûn khrûʉwaŋbin khráŋrɛ̂ɛk
   ポム　クン　クルーアンビン　クランレーク

    1. 僕はいつも飛行機で行きます。

    2. 僕は何回も飛行機に乗りました。

    3. 僕は初めて飛行機に乗りました。

    4. 僕は飛行機に乗ったことがありません。

2) rótfaifáa rew kwàa rótyon
   ロットファイファー　レウ　クワー　ロットヨン

    1. 電車はバスより速いです。

    2. 電車は自動車より速いです。

    3. 自動車は電車より速いです。

    4. 電車は自動車より遅いです。

3) dichán kamlaŋ àan nǎŋsǔɯ yùu
ディチャン　カムラン　アーン　ナンスー　ユー

1. 私は本を読んでいるところです。

2. 私は本を読むところです。

3. 私は本を読むのが好きです。

4. 私はまだ本を読んでいません。

4) kaaŋkeeŋ yaaw mâak sài mâi dâi
カーンケーン　ヤーウ　マーク　サイ　マイ　ダイ

1. ズボンがとても長いので履けません。

2. スカートがとても長いので履けません。

3. ズボンがとても短いので履けません。

4. ズボンがとても大きいので履けません。

5) dichán yùu mɯɯaŋthai maa sǎam dɯɯan lɛ́ɛw
ディチャン　ユー　ムーアンタイ　マー　サーム　ドゥーアン　レーウ

1. 私はタイに３ヶ月行く予定です。

2. 私は３月からタイへ来ました。

3. 私はタイに３ヶ月住む予定です。

4. 私はタイに３ヶ月住んでいます。

6. 次のタイ語の質問に対する答えとして最も適切なものを選択肢の中から選び、
その番号をぬりつぶしなさい。

1) lûukchaay khɔ̌ɔŋ khun aayú thâurài khá
ルークチャーイ　コーン　クン　アーユ　タオライ　カ

    1. khondiiaw khâ
       コンディーアウ　カ
    2. hâa khùap khâ
       ハー　クアップ　カ
    3. dɯɯanmiinaakhom khâ
       ドゥーアンミーナーコム　カ
    4. mii lûukchaay sɔ̌ɔŋ khon khâ
       ミー　ルークチャーイ　ソーン　コン　カ

2) khun ɔ̀ɔkkamlaŋkaay bɔ̀y mái khá
クン　オークカムランカーイ　ボイ　マイ　カ

    1. lên thennít khráp
       レン　テンニット　クラップ
    2. nɯ̀ŋ dɯɯan khráp
       ヌン　ドゥーアン　クラップ
    3. pai ɔ̀ɔkkamlaŋkaay khráp
       パイ　オークカムランカーイ　クラップ
    4. aathít lá sǎam wan khráp
       アーティット　ラ　サーム　ワン　クラップ

3) riian sèt cà pai nǎi khráp
リーアン セット チャ パイ ナイ クラップ

1. riian sèt thîiaŋ khâ
リーアン セット ティーアン カ
2. arai kɔ̂ɔ dâi khâ
アライ コー ダイ カ
3. kin khâaw khâ
キン カーウ カ
4. pai khâ
パイ カ

4) khɔ̌ɔthôot ná khá anníi phèt mái khá
コートート ナ カ アンニー ペット マイ カ

1. mâichâi khráp
マイチャイ クラップ
2. phèt nítnɔ̀y khráp
ペット ニットノイ クラップ
3. kin phèt mâi dâi khráp
キン ペット マイ ダイ クラップ
4. chɔ̂ɔp aahǎan phèt khráp
チョープ アーハーン ペット クラップ

5) khɔ̌ɔ pai hɔ̂ŋnáam dâi mái khá
コー パイ ホンナーム ダイ マイ カ

1. chəən khâ
チューン カ
2. mâipenrai khâ
マイペンライ カ
3. mâi pai khâ
マイ パイ カ
4. mûɯwakíi pai hɔ̂ŋnáam khâ
ムーアキー パイ ホンナーム カ

【リスニング】

リスニング試験は**東京・大阪・名古屋** 11：00〜11：10 **バンコク** 9：00〜9：10 まで行われます。
※　問題は２度放送されます。

1.　次のタイ語を聴いて、最も適切な番号をぬりつぶしなさい。

（例）放送されるタイ語　　dinsɔ̌ɔkòt　　ディンソーコット

（選択肢）1．ペン　　2．鉛筆　　3．消しゴム　　4．シャーペン　　　（答え）　4

1) 1．辞書　　　　　2．新聞　　　　　3．ノート　　　　4．小説

2) 1．後ろ　　　　　2．前　　　　　　3．隣　　　　　　4．下

3) 1．かぼちゃ　　　2．きゅうり　　　3．玉ねぎ　　　　4．スイカ

4) 1．甘い　　　　　2．しょっぱい　　3．苦い　　　　　4．酸っぱい

5) 1．立つ　　　　　2．歩く　　　　　3．寝る　　　　　4．走る

2.　次のタイ語を聴いて、それに関連する最も適切な番号をぬりつぶしなさい。

（例）放送されるタイ語　　khun pai sɯ́ɯɯkhɔ̌ɔŋ kìi mooŋ
　　　　　　　　　　　　クン　パイ　スーコーン　キー　モーン

（選択肢）　1. săam chûuamooŋ　　　　2. bàay săam mooŋ
　　　　　　　サーム　チューアモーン　　　　バーイ　サーム　モーン

　　　　　　3. săam khon　　　　　　4. wanthîi săam
　　　　　　　サーム　コン　　　　　　　ワンティー　サーム　（答え）　2

1)　　1. yaŋ mâi rúu khâ

　　　　　ヤン　マイ　ルー　カ

　　　2. tɛ̂ŋ lɛ́ɛw khâ

　　　　　テン　レーウ　カ

　　　3. mâi thamŋaan khâ

　　　　　マイ　タムガーン　カ

　　　4. tham lɛ́ɛw khâ

　　　　　タム　レーウ　カ

2)　　1. pai kàp sǎamii khâ

　　　　　パイ　カップ　サーミー　カ

　　　2. mûɯawaan pai lên kɔ́p khâ

　　　　　ムーアワーン　パイ　レン　コップ　カ

　　　3. lên kɔ́p tɔɔncháau khâ

　　　　　レン　コップ　トーンチャーオ　カ

　　　4. thîi sanǎamkɔ́p khâ

　　　　　ティー　サナームコップ　カ

3)　　1. sǎam rɯ́duu khráp

　　　　　サーム　ルドゥー　クラップ

　　　2. dɯɯansǐŋhǎa rɔ́ɔn thîisùt khráp

　　　　　ドゥーアンシンハー　ローン　ティースット　クラップ

　　　3. rɯ́duubaimáaiphlì khráp

　　　　　ルドゥーバイマーイプリ　クラップ

　　　4. yîisìp oŋsǎa khráp

　　　　　イーシップ　オンサー　クラップ

4) 1. au nɯ̀ŋ tuua khâ

   アウ　ヌン　トゥーア　カ

   2. khɔ̌ɔŋ phɯ̂ɯwan khâ

   コーン　プーアン　カ

   3. sǔay lɛ́ mâi phɛɛŋ khâ

   スアイ　レ　マイ　ペーン　カ

   4. yâak mâak khâ

   ヤーク　マーク　カ

5) 1. mâi riian khráp

   マイ　リーアン　クラップ

   2. nîi mâichâi aahǎanthai khráp

   ニー　マイチャイ　アーハーンタイ　クラップ

   3. rooŋriian pìt khráp

   ローンリーアン　ピット　クラップ

   4. châi khráp

   チャイ　クラップ

解　答

【筆記試験】

1.

1) 1　　　2) 2　　　3) 4　　　4) 3　　　5) 3

6) 2　　　7) 1　　　8) 2　　　9) 4　　　10) 3

2.

1) 4 2 1 3　　　　2) 2 3 1 4

3) 1 4 3 2　　　　4) 4 1 2 3

5) 3 1 4 2　　　　6) 2 4 3 1

7) 3 2 4 1　　　　8) 1 3 2 4

9) 4 3 1 2　　　　10) 2 1 3 4

3.

1) 2　　　2) 4　　　3) 1　　　4) 1　　　5) 2

6) 3　　　7) 4　　　8) 3　　　9) 2　　　10) 1

4.

  1) 1   2) 2   3) 4   4) 3   5) 2

  6) 2   7) 1   8) 3   9) 4   10) 4

5.

  1) 3   2) 2   3) 1   4) 1   5) 4

6.

  1) 2   2) 4   3) 3   4) 2   5) 1

【リスニング】

1.

  1) 3   2) 2   3) 2   4) 4   5) 1

2.

  1) 2   2) 1   3) 3   4) 3   5) 4

リスニング放送用

日本タイ語検定協会主催　２０２２年　秋季　実用タイ語検定試験　５級
これよりリスニング試験を行います。
問題は全部で２題あります。例題がありますので、よく聴いて答えて下さい。

1. 次のタイ語を聴いて、最も適切な番号をぬりつぶしなさい。
　　問題は全部で５問あり、それぞれ２度放送します。解答時間は１問につき１０秒です。

　　（例）dinsɔ̌ɔkɔ̀t　ディンソーコット

　　答えは４番となります。では、問題を始めます。

1) samùt　サムット

2) khâaŋnâa　カーンナー

3) tɛɛŋkwaa　テーンクワー

4) prîiaw　プリーアウ

5) yɯɯn　ユーン

2. 次のタイ語を聴いて、それに関連する最も適切な番号をぬりつぶしなさい。
  問題は全部で５問あり、それぞれ２度放送します。解答時間は１問につき２０秒です。

(例) khun pai sɯ́ɯkhɔ̌ɔŋ kìi mooŋ

　　　クン　パイ　スーコーン　キー　モーン

答えは２番となります。では、問題を始めます。

1) khun tɛ̀ŋŋaan lɛ́ɛw rɯ́yaŋ khá

　　クン　テンガーン　レーウ　ルヤン　カ

2) pàkàtì khun pai lên kɔ́p kàp khrai khá

　　パカティ　クン　パイ　レン　コップ　カップ　クライ　カ

3) khun chɔ̂ɔp rɯ́ɯduu arai mâak thîisùt khá

　　クン　チョープ　ルドゥー　アライ　マーク　ティースット　カ

4) khun khít wâa sɯ̂ɯa sǐikhǎaw níi pen yaŋŋai khá

　　クン　キット　ワー　スーア　シーカーウ　ニー　ペン　ヤンガイ　カ

5) thîinîi khɯɯ rooŋriian phaasǎathai châimái khá

　　ティーニー　クー　ローンリーアン　パーサータイ　チャイマイ　カ

試験を終了します。ペンを置いて下さい。

日本タイ語検定協会主催

２０２２年　秋季

実用タイ語検定試験　４級

การสอบวัดระดับความสามารถภาษาไทย ระดับที่ ๔

２０２２年１１月６日実施

試験時間　東京・大阪・名古屋　１１：５０～１３：００

バンコク　　９：５０～１１：００

筆記試験　　６０分

（東京・大阪・名古屋１１：５０～１２：５０　バンコク　９：５０～１０：５０）

リスニング試験　　１０分

（東京・大阪・名古屋１２：５０～１３：００　バンコク１０：５０～１１：００）

受験番号＿＿＿＿＿＿＿＿＿＿＿＿

氏名＿＿＿＿＿＿＿＿＿＿＿＿＿＿

＜　受験上の注意　＞

① 試験開始の合図があるまで、問題用紙は開かないで下さい。

② 解答用紙に受験番号、氏名の記入のないものは受験無効となります。

③ 問題用紙にも必ず、受験番号、氏名をご記入下さい。

④ 問題用紙、解答用紙共に、試験終了後すべて回収します。会場からの持ち出しは厳禁です。

⑤ 解答の記入には、必ず黒鉛筆かシャープペンシルをお使い下さい。

⑥ 筆記試験時間は６０分です。筆記試験終了後、リスニング試験が行われますので、

　解答記入終了後も席を離れないようお願い致します。

⑦ 試験問題についての質問は受け付けません。

⑧ 不正行為を行われた場合、解答はすべて無効となります。

⑨ 試験会場内では、試験監督の指示に従って下さい。

＜　マークシート要項の注意　＞

① 解答をマークする際は、はみ出さないように枠内を完全にぬりつぶして下さい。

② 解答を訂正する場合にはプラスティック消しゴムで完全に消して下さい。

マークシート記入例

【筆記試験】

1. 次の（　　　　）内に入れるのに最も適切な語を選び、その番号をぬりつぶしなさい。

1) ดิฉันเพิ่งเคยฟังเพลงนี้ (＿＿＿＿)
　　1. บางครั้ง　　　2. ครั้งแรก　　　3. บ่อย ๆ　　　4. ปกติ

2) เขาเรียนภาษาไทยวัน (＿＿＿＿) ครึ่งชั่วโมง
　　1. ละ　　　2. ประมาณ　　　3. แค่　　　4. หรือ

3) ช่วย (＿＿＿＿) แท็กซี่ให้หน่อยครับ
　　1. รับ　　　2. สอบ　　　3. เรียก　　　4. สั่ง

4) คุณยูโกะมีหนังสือภาษาไทย ๒ (＿＿＿＿)
　　1. อัน　　　2. เล่ม　　　3. ใบ　　　4. แผ่น

5) อาจารย์บอกว่า (＿＿＿＿) เล่นมือถือในห้องเรียน
　　1. ควร　　　2. ต้อง　　　3. ถ้า　　　4. อย่า

6) พี่สาวชอบ (＿＿＿＿) ต้นไม้
　　1. ปลูก　　　2. ทำ　　　3. เห็น　　　4. อ่าน

7) ไปรษณีย์อยู่ (_____) จากที่นี่ไหมคะ

   1. ใกล้   2. ตรงข้าม   3. ข้าง ๆ   4. ไกล

8) คอมพิวเตอร์เสีย (_____) จะเอาไปซ่อม

   1. แต่   2. เพราะว่า   3. กับ   4. ก็เลย

9) ห้อง (_____) มาก เปิดไฟดีกว่า

   1. สว่าง   2. หนาว   3. มืด   4. เย็น

10) คุณ (_____) กล้องถ่ายรูปยี่ห้ออะไรคะ

   1. น่าสนใจ   2. รู้   3. สนใจ   4. อยาก

2. 次の空欄に入れるのに最も適切な文を選び、その番号をぬりつぶしなさい。

1) A : _____

   B : ฤดูฝนค่ะ

   1. ทำไมคุณชอบฤดูฝนคะ   2. ฝนตกไหมคะ

   3. ตอนนี้ฤดูอะไรคะ   4. เมืองไทยมีกี่ฤดูคะ

2) A : คุณจะกลับญี่ปุ่นนานเท่าไหร่ครับ

   B : ....

   1. ๓ เดือนที่แล้วค่ะ   2. ๓ เดือนค่ะ

   3. เดือน ๓ ค่ะ   4. กลับคนเดียวค่ะ

3) A : ร้านอาหารอยู่ชั้นอะไรคะ

   B : ....

   1. ๕ ชั้นค่ะ   2. มีค่ะ

   3. หิวมากค่ะ   4. ชั้น ๕ ค่ะ

4) A : ....

   B : ชาค่ะ

   1. คุณดื่มชาไหมคะ   2. คุณจะดื่มชาหรือกาแฟดีคะ

   3. ชาของใครคะ   4. ชานี้รสชาติเป็นยังไงคะ

5) A : วันหยุดปีใหม่คุณไปเที่ยวไหนมาครับ

   B : ....

   1. ภูเก็ตค่ะ   2. ไปกับสามีค่ะ

   3. ยังไม่รู้ค่ะ   4. จะไปทะเลค่ะ

6) A : มะม่วงกับแตงโมชอบกินอะไรมากกว่ากันคะ

 B : ....

 1. แตงโมหวานมากครับ   2. มะม่วงอร่อยครับ

 3. ชอบทั้งคู่ครับ   4. ชอบผลไม้ครับ

7) A : ใส่ถุงไหมครับ

 B : ....

 1. ขอแกงเขียวหวาน ๒ ถุงค่ะ   2. ใส่นิดหน่อยค่ะ

 3. ใส่ถุงเท้าสีขาวค่ะ   4. ไม่เป็นไรค่ะ

8) A : ....

 B : ขอโทษค่ะ ตอนนี้คุณน้ำคุยกับลูกค้าอยู่ค่ะ

 1. คุณน้ำคนไหนคะ   2. ขอสายคุณน้ำค่ะ

 3. บ้านคุณน้ำอยู่ไหนคะ   4. คุณน้ำจะไปไหนคะ

9) A : วันนี้อุณหภูมิเท่าไหร่คะ

 B : ....

 1. ๓๑.๕ องศาครับ   2. อากาศหนาวครับ

 3. ๓๒ ปีครับ   4. วันนี้หยุดครับ

10) A : ได้ยินว่าเขาจะแต่งงานเดือนหน้าครับ

B : ....

1. จริงเหรอคะ   2. ยินดีที่ได้รู้จักค่ะ

3. ใจดีมากค่ะ   4. แต่งงานแล้วค่ะ

3. 次の日本語を表すように単語を並び替え、（ **A** ）～（ **D** ）に入る正しい単語の数字をぬりつぶしなさい。

1) 来週の日曜日、僕は息子を動物園へ連れて行きます。

วันอาทิตย์หน้าผมจะ（ **A** ）（ **B** ）（ **C** ）（ **D** ）

1. ไป	2. พา	3. ลูกชาย	4. สวนสัตว์

2) 私は飛行機に乗って、チェンマイへ行きます。

ดิฉันจะ（ **A** ）（ **B** ）（ **C** ）（ **D** ）

1. เชียงใหม่	2. เครื่องบิน	3. ไป	4. นั่ง

3) 私は彼に聞いてみます。

ดิฉันจะ（ **A** ）（ **B** ）（ **C** ）（ **D** ）ครับ

1. ลอง	2. ถาม	3. ดู	4. เขา

4)　ヌイさんは会議が終わりましたか。

（　**A**　）（　**B**　）（　**C**　）（　**D**　）คะ

1. ประชุม	2. หรือยัง	3. เสร็จ	4. คุณนุ้ย

5)　お母さんはいつも私に料理を手伝わせます。

แม่（　**A**　）（　**B**　）（　**C**　）（　**D**　）เสมอ

1. ทำอาหาร	2. ช่วย	3. ให้	4. ดิฉัน

4. 次の日本語の内容と最も近いものを選択肢の中から選び、その番号をぬりつぶしなさい。

1)　この靴はちょっと大きすぎます。

1. รองเท้านี้คู่ใหญ่ไปเกินหน่อย

2. รองเท้าคู่นี้ใหญ่เกินไปหน่อย

3. คู่นี้รองเท้าใหญ่เกินหน่อยไป

4. นี้รองเท้าคู่เกินไปใหญ่หน่อย

2)　ペンを貸してもらえませんか。

1. ขอยืมได้ปากกาไหมครับ

2. ได้ขอยืมปากกาไหมครับ

3. ปากกาได้ขอยืมไหมครับ

4. ขอยืมปากกาได้ไหมครับ

3) あなたはこの事についてどう思いますか。

   1. คุณคิดยังไงเกี่ยวกับเรื่องนี้

   2. คุณคิดเรื่องนี้เกี่ยวกับยังไง

   3. เรื่องนี้คุณคิดยังไงเกี่ยวกับ

   4. นี้คุณคิดเกี่ยวกับเรื่องยังไง

4) 眠いので運転ができません。

   1. ง่วงนอนเพราะขับรถไม่ไหว

   2. ขับรถไม่ไหวเพราะง่วงนอน

   3. ไม่ขับรถไหวเพราะง่วงนอน

   4. เพราะง่วงนอนไม่ไหวขับรถ

5) 財布を無くしてしまったのですが、どうしたらいいですか。

   1. กระเป๋าสตางค์ทำยังไงดีทำหาย

   2. ทำหายทำยังไงดีกระเป๋าสตางค์

   3. ทำกระเป๋าสตางค์หาย ทำยังไงดี

   4. กระเป๋าสตางค์ทำหาย ยังไงดีทำ

5. 次の日本語の訳として最も適切なものを選択肢の中から選び、その番号を
ぬりつぶしなさい。

1) ベッド

1. เก้าอี้　　　2. ตู้เสื้อผ้า　　　3. เตียง　　　4. โต๊ะ

2) 4月

1. มกราคม　　　2. เมษายน　　　3. สิงหาคม　　　4. กุมภาพันธ์

3) 座る

1. นั่ง　　　2. ยืน　　　3. เดิน　　　4. วิ่ง

4) 下

1. ข้างนอก　　　2. ข้างล่าง　　　3. ข้างหลัง　　　4. ข้างบน

5) 口

1. ฟัน　　　2. หู　　　3. จมูก　　　4. ปาก

6. 次のタイ語の訳として最も適切なものを選択肢の中から選び、その番号をぬりつぶしなさい。

1) ภรรยา

1. 夫　　　2. 妻　　　3. いとこ　　　4. 孫

2) สะดวก

1. 残念　　　2. 得意　　　3. 安全　　　4. 便利

3) ส้อม

1. スプーン　　2. フォーク　　3. 箸　　4. ナイフ

4) ทางด่วน

1. 高速道路　　2. 横断歩道　　3. 歩道　　4. 鉄道

5) นักกีฬา

1. 俳優　　2. 歌手　　3. スポーツ選手　　4. 作家

7. 次の文章を読んで、下記の質問に対する答えの中から最も適切なものを選び、
その番号をぬりつぶしなさい。

ประเทศไทยอยู่ในเอเชียตะวันออกเฉียงใต้ เมื่อก่อนมีชื่อว่า "สยาม" ประเทศไทยมีขนาดใหญ่เป็นอันดับที่ ๕๐ ของโลก และมีประชากรมากเป็นอันดับที่ ๒๐ ของโลกคือประมาณ ๖๖ ล้านคน มีทั้งหมด ๗๗ จังหวัด โดยมีกรุงเทพมหานครเป็นศูนย์กลาง และเป็นเมืองที่มีคนอยู่มากที่สุดในประเทศ อากาศของไทยส่วนใหญ่เป็นแบบอากาศร้อนชื้น มีอุณหภูมิระหว่าง ๑๘ - ๓๔ องศาเซลเซียส ประเทศไทยมี ๓ ฤดูคือ ฤดูฝน ฤดูหนาว และฤดูร้อน ประเทศไทยมีพืชและสัตว์หลายประเภท มีผลไม้เมืองร้อนหลายชนิด พื้นที่ประมาณ ๒๕% ของประเทศเป็นป่าไม้ ประเทศไทยมีพืชมากกว่า ๑๕,๐๐๐ ชนิด และพืชที่สำคัญที่สุดของไทยคือข้าว ส่วนเวลาในไทยกับญี่ปุ่นนั้นแตกต่างกันสองชั่วโมง โดยเวลาของประเทศญี่ปุ่นจะเร็วกว่าประเทศไทย ๒ ชั่วโมง

1) เมื่อก่อนประเทศไทยมีชื่อว่าอะไร

    1. เอเชียตะวันออกเฉียงใต้   2. เอเชีย

    3. สยาม   4. กรุงเทพมหานคร

2) ประเทศไทยมีทั้งหมดกี่จังหวัด

    1. ๒๕ จังหวัด   2. ๕๐ จังหวัด

    3. ๖๕ จังหวัด   4. ๗๗ จังหวัด

3) พืชที่สำคัญที่สุดของประเทศไทยคืออะไร

    1. ข้าว   2. มะม่วง

    3. ฟักทอง   4. ข้าวโพด

4) เวลาในประเทศไทยกับประเทศญี่ปุ่นแตกต่างกันอย่างไร

    1. ไทยเร็วกว่าญี่ปุ่น   2. ญี่ปุ่นเร็วกว่าไทย

    3. ไทยกับญี่ปุ่นเวลาเท่ากัน   4. ญี่ปุ่นช้ากว่าไทย

5) ข้อใดผิด

    1. อุณหภูมิของประเทศไทยอยู่ระหว่าง ๑๘ - ๓๔ องศาเซลเซียส

    2. กรุงเทพมหานครเป็นเมืองที่มีคนอยู่เยอะที่สุดในไทย

    3. ประเทศไทยมี ๓ ฤดู

    4. ประเทศไทยมีผลไม้น้อย

【リスニング】

リスニング試験は東京・大阪・名古屋 12：50〜13：00　バンコク 10：50〜11：00 まで行われます。
※問題・質問ともに、２度放送されます。

1. 次のタイ語を聴いて、最も適切な番号をぬりつぶしなさい。

（例）放送されるタイ語　　**ใคร**

（選択肢）1.　誰　　　2.　〜したい　　3.　あげる　　4.　無くなる　　（答え）　1

1)　1. 洗濯機　　　　　2. 炊飯器　　　　　3. 扇風機　　　　4. アイロン

2)　1. 弱い　　　　　2. 薄い　　　　　3. 明るい　　　　4. 長い

3)　1. 笑う　　　　　2. 歌う　　　　　3. 泣く　　　　　4. 呼ぶ

4)　1. 郵便局　　　　　2. 大学　　　　　3. 図書館　　　　4. 遊園地

5)　1. 自転車　　　　　2. バス　　　　　3. 地下鉄　　　　4. 自動車

2. 次のタイ語の質問文を聴いて、内容に適するものを選び、その番号をぬりつぶしなさい。

（例）放送されるタイ語　　**A สูงกว่า B และ C สูงกว่า A ใครสูงที่สุด**

（選択肢）1.　C　　　2.　A　　　3.　B　　　4.　A＆B　　　（答え）1

1)　1. 海　　　　　　2. 水上マーケット　　3. 山　　　　　　4. プール

2)　1. サッカー　　　　2. 卓球　　　　　3. バスケットボール　4. 柔道

3)　1. 150 バーツ　　　2. 200 バーツ　　　3. 300 バーツ　　　4. 350 バーツ

4)　1. シャンプー　　　2. 石けん　　　　3. はさみ　　　　4. タオル

5)　1. 記念品　　　　　2. プレゼント　　　3. 小包　　　　　4. カレンダー

解 答

【筆記試験】

1.

1) 2	2) 1	3) 3	4) 2	5) 4
6) 1	7) 4	8) 4	9) 3	10) 3

2.

1) 3	2) 2	3) 4	4) 2	5) 1
6) 3	7) 4	8) 2	9) 1	10) 1

3.

1) 2 3 1 4   2) 4 2 3 1   3) 1 2 4 3

4) 4 1 3 2   5) 3 4 2 1

4.

1) 2	2) 4	3) 1	4) 2	5) 3

5.

1) 3	2) 2	3) 1	4) 2	5) 4

6.

1) 2	2) 4	3) 2	4) 1	5) 3

7.

1) 3 　　2) 4 　　3) 1 　　4) 2 　　5) 4

【リスニング】

1.

1) 2 　　2) 1 　　3) 3 　　4) 2 　　5) 4

2.

1) 1 　　2) 4 　　3) 3 　　4) 1 　　5) 2

リスニング放送用

日本タイ語検定協会主催 ２０２２年 秋季 実用タイ語検定試験 ４級
これよりリスニング試験を行います。
問題は全部で２題あります。例題がありますので、よく聴いて答えて下さい。

1. 次のタイ語を聴いて、最も適切な番号をぬりつぶしなさい。
   問題は全部で５問あり、それぞれ２度放送します。解答時間は１問につき２０秒です。

   （例）**ใคร** 答えは１番となります。では、問題を始めます。

1) **หม้อหุงข้าว**

2) **เบา**

3) **ร้องไห้**

4) **มหาวิทยาลัย**

5) **รถยนต์**

2. 次のタイ語の質問文を聴いて、内容に適するものを選び、その番号をぬりつぶしなさい。
　 問題は全部で５問あり、それぞれ２度放送します。解答時間は１問につき２０秒です。

　　(例) A สูงกว่า B และ C สูงกว่า A ใครสูงที่สุด

　 答えは１番となります。では、問題を始めます。

1) ถ้าอยากไปดำน้ำ ดูปลา ต้องไปที่ไหน

2) กีฬาอะไรที่ไม่ใช้ลูกบอลเวลาเล่น

3) เสื้อตัวละ ๑๕๐ บาท ซื้อ ๒ ตัว ราคาเท่าไหร่

4) เวลาสระผม ใช้อะไร

5) วันเกิดเพื่อนจะให้อะไร

　　 試験を終了します。ペンを置いて下さい。

日本タイ語検定協会主催

２０２２年　秋季

実用タイ語検定試験　３級

การสอบวัดระดับความสามารถภาษาไทย ระดับที่ ๓

２０２２年１１月６日実施

試験時間　東京・大阪・名古屋　１３：４０～１４：５５

バンコク　１１：４０～１２：５５

筆記試験　　６０分

（東京・大阪・名古屋１３：４０～１４：４０　　バンコク　１１：４０～１２：４０）

リスニング試験　　１５分

（東京・大阪・名古屋１４：４０～１４：５５　　バンコク　１２：４０～１２：５５）

受験番号＿＿＿＿＿＿＿＿＿＿

氏名＿＿＿＿＿＿＿＿＿＿＿

＜　受験上の注意　＞

① 試験開始の合図があるまで、問題用紙は開かないで下さい。

② 解答用紙に受験番号、氏名の記入のないものは受験無効となります。

③ 問題用紙にも必ず、受験番号、氏名をご記入下さい。

④ 問題用紙、解答用紙共に、試験終了後すべて回収します。会場からの持ち出しは厳禁です。

⑤ 解答の記入には、必ず黒鉛筆かシャープペンシルをお使い下さい。

⑥ 筆記試験時間は６０分です。筆記試験終了後、リスニング試験が行われますので、
　 解答記入終了後も席を離れないようお願い致します。

⑦ 試験問題についての質問は受け付けません。

⑧ 不正行為を行われた場合、解答はすべて無効となります。

⑨ 試験会場内では、試験監督の指示に従って下さい。

＜　マークシート要項の注意　＞

① 解答をマークする際は、はみ出さないように枠内を完全にぬりつぶして下さい。

② 解答を訂正する場合にはプラスティック消しゴムで完全に消して下さい。

マークシート記入例

【筆記試験】

1. 次の（　　　　）内に入れるのに最も適切な語を選び、その番号をぬりつぶしなさい。

1) กรุณา (＿＿＿＿＿＿) ก่อนปรุง

     1. ใส่　　　　　 2. ชิม　　　　　 3. เติม　　　　　 4. หยิบ

2) ดิฉันทำมือถือ (＿＿＿＿＿＿) ที่ไหนก็ไม่รู้

     1. หาย　　　　　 2. หมด　　　　　 3. เก็บ　　　　　 4. วาง

3) เสื้อตัวโปรดของดิฉัน (＿＿＿＿＿＿) ก็เลยจะเอาไปเย็บ

     1. หล่น　　　　　 2. ตัด　　　　　 3. ขาด　　　　　 4. ลื่น

4) (＿＿＿＿＿＿) เมืองไทยอากาศร้อน แต่คนไทยก็ชอบใส่เสื้อแขนยาว

     1. หาก　　　　　 2. เนื่องจาก　　　　　 3. นอกจาก　　　　　 4. แม้ว่า

5) เชือกรองเท้าหลุด ขอ (＿＿＿＿＿＿) ก่อนนะ

     1. ผูก　　　　　 2. ดึง　　　　　 3. ห่อ　　　　　 4. พับ

6) พรุ่งนี้ผมจะไปดูละครเวทีที่แฟนของผม (＿＿＿＿＿＿)

     1. ประกอบ　　　　　 2. แสดง　　　　　 3. ติดตั้ง　　　　　 4. รายงาน

7) กรุณาช่วยกัน (＿＿＿＿＿＿) ความสะอาดของห้องน้ำ

    1. ป้องกัน   2. ซ่อมแซม   3. รักษา   4. แก้ไข

8) ดิฉันกลับถึงบ้าน คุณแม่ก็ทำกับข้าวเสร็จ (＿＿＿＿＿＿)

    1. เริ่มต้น   2. เหมาะสม   3. แน่นอน   4. พอดี

9) ตอนเด็ก ๆ ผมมี (＿＿＿＿＿＿) ว่าโตขึ้นอยากเป็นทหารอากาศ

    1. ความภูมิใจ   2. ความหมาย   3. ความฝัน   4. ความจริง

10) หลานสาวของผมเป็นเด็กที่ (＿＿＿＿＿＿) แม่มาก

    1. ติดตาม   2. ติด   3. จับ   4. ติดต่อ

2. 次の日本語を表すように単語を並び替え、（ **A** ）～（ **D** ）に入る正しい単語の数字を
ぬりつぶしなさい。

1) 色々なお店がお客さんを増やすために新サービスを考えています。

    （ **A** ）（ **B** ）（ **C** ）（ **D** ）เพื่อเรียกลูกค้า

1. คิดบริการ	2. ใหม่ ๆ	3. รูปแบบ	4. ร้านค้าต่าง ๆ

2) 学生時代から付き合いのある友達はみんな結婚しました。

    เพื่อนที่คบกันมา（ **A** ）（ **B** ）（ **C** ）（ **D** ）แล้ว

1. หมด	2. แต่งงานกัน	3. สมัยเรียน	4. ตั้งแต่

3) 何をするかは自分の勝手だが何か問題があったら責任を取らなければならない。

คุณจะทำอะไรก็เรื่องของคุณ (A)(B)(C)(D)

1. มีปัญหา	2. คุณ	3. แต่หาก	4. ต้องรับผิดชอบ

4) 「努力は必ず報われる」といつも教えられる。

(A)(B)(C)(D) ว่า "ไม่มีอะไรยากเกินความพยายาม"

1. สอน	2. ดิฉัน	3. เสมอ	4. ถูก

5) すみません、集合写真を撮ってもらってもいいですか。

ขอโทษค่ะ (A)(B)(C)(D) หน่อยได้ไหมคะ

1. ถ่ายรูป	2. รบกวน	3. หมู่	4. ให้

6) 全然電気が付かない、停電みたいね。

เปิดไฟไม่ติดเลย (A)(B)(C)(D) นะ

1. ไฟ	2. ดูเหมือน	3. ว่า	4. จะดับ

7) いつまで待たせるつもり？ 2時間も待っていたんですよ。

(A)(B)(C)(D) ถึงเมื่อไหร่ ผมรอคุณตั้ง ๒ ชั่วโมงแล้วนะ

1. รอ	2. ให้	3. จะ	4. ผม

8) 小学生の時、学校に行くのが面倒でよく具合が悪いふりをしていた。

ตอนประถม ผม (A)(B)(C)(D) บ่อยๆ

1. ขี้เกียจ	2. แกล้งป่วย	3. เลย	4. ไปเรียน

9)　子供たちは先生から隠れるのに扉の後ろに走っていった。

เด็ก ๆ วิ่งไป (　A　)(　B　)(　C　)(　D　) ประตู

1. แอบ	2. ด้านหลัง	3. ครู	4. อยู่

10)　ワクチンを打った後、打った方の腕で重い物をまだ運ばないでください。

หลังฉีดวัคซีน (　A　)(　B　)(　C　)(　D　)

1. ข้างที่ฉีดวัคซีน	2. ใช้แขน	3. ยกของหนัก	4. อย่าเพิ่ง

3.　次の文章を読んで、<u>内容と一致しないもの</u>を下記の選択肢から選び、
　　その番号をぬりつぶしなさい。

1)　息子はもうすぐドイツへ留学します。

1. อีกไม่นานลูกชายก็จะไปเรียนต่อที่ประเทศเยอรมนีแล้ว

2. ลูกชายใกล้จะไปเรียนต่อที่เยอรมนีแล้ว

3. อีกนานกว่าลูกชายจะไปเรียนต่อที่ประเทศเยอรมนี

4. ลูกชายจะไปเรียนต่อที่เยอรมนีเร็ว ๆ นี้

2)　僕は子供の学費を払いました。

1. ผมได้ค่าเทอมลูกแล้ว

2. ผมชำระค่าเทอมของลูกแล้ว

3. ผมจ่ายค่าเรียนของลูกแล้ว

4. ผมจ่ายค่าเทอมลูกแล้ว

3) もし彼に会ったら言っておいてね。

　　1. หากเจอเขาฝากบอกเขาไว้หน่อยนะ

　　2. ถ้าเจอเขาช่วยบอกเขาให้หน่อยนะ

　　3. ถ้าหากพบเขาแจ้งเขาให้หน่อยนะ

　　4. ถ้าพบเขาให้เขาฝากบอกให้หน่อยนะ

4) 私は誕生日に恋人から香水をもらいました。

　1. ดิฉันได้รับน้ำหอมจากแฟนเป็นของขวัญวันเกิด

　2. วันเกิดของดิฉันแฟนซื้อน้ำหอมให้เป็นของขวัญ

　3. ดิฉันให้แฟนซื้อน้ำหอมให้เป็นของขวัญวันเกิด

　4. แฟนให้น้ำหอมดิฉันในวันเกิด

5) 僕はいつも自動車で会社へ行きます。

　1. ผมนั่งรถยนต์ไปบริษัทเป็นประจำ

　2. ปกติผมนั่งรถยนต์ไปทำงาน

　3. เวลาไปทำงานผมไปรถยนต์เสมอ

　4. ผมไปบริษัทโดยรถยนต์เป็นบางที

4. 次の日本語の訳として最も適切なものをそれぞれ選択肢の中から選び、
その番号をぬりつぶしなさい。

1) 混乱する
   1. สับสน　　　2. อึดอัด　　　3. เจ็บใจ　　　4. หงุดหงิด

2) 叫ぶ
   1. เรียกร้อง　　2. บ่น　　　3. ตะโกน　　　4. ตำหนิ

3) 内緒
   1. เคล็ดลับ　　2. ความลับ　　3. เนื้อหา　　　4. บทความ

4) 肺炎
   1. ไข้เลือดออก　2. ปอดอักเสบ　3. มะเร็ง　　　4. เบาหวาน

5) しゃっくりする
   1. กรน　　　2. เรอ　　　3. หาว　　　4. สะอึก

5. 次の単語のうち、<u>正しい綴りのもの</u>を選択肢の中から一つ選び、
その番号をぬりつぶしなさい。

1) 1. บันใด　　2. บรรไட　　3. บันได　　4. บรรดัย

2) 1. กะโปรง　2. กระโปรง　3. กระโปลง　4. กะโปง

3) 1. บันยากาต　2. บรรยากาส　3. บันยากาด　4. บรรยากาศ

4) 1. อนุญาต　2. อะนุยาด　3. อนุญาติ　4. อะนุยาท

5) 1. ผักกาตขาว　2. ผักกาสขาว　3. ผักกาดขาว　4. ผักกาศขาว

6. 次の空欄に入れるのに最も適切な文を下記の選択肢から選び、その英文字をぬりつぶしなさい。尚、選択肢の使用は１回のみとする。

โยชิ　　:　คุณส้มครับ เดือนหน้าเดือนเมษายน ทำไม _____(1)_____

ส้ม　　:　อ๋อ ! เป็นวันหยุดสงกรานต์ค่ะ ที่ประเทศไทยวันสงกรานต์

　　　　　　_____(2)_____ จะหยุดตั้งแต่วันที่ ๑๓ – ๑๕ ค่ะ

โยชิ　　:　วันสงกรานต์คือวันอะไรครับ ทำไมได้หยุดหลายวัน

ส้ม　　:　_____(3)_____ ค่ะ

โยชิ　　:　เอ๊ะ ! ที่ประเทศไทยวันปีใหม่คือวันที่ ๑๓ เมษายนเหรอครับ

ส้ม　　:　จริง ๆ แล้ว เมื่อก่อนวันปีใหม่ไทยตรงกับวันที่ ๑๓ เมษายนค่ะ

　　　　　　แต่ปัจจุบันวันปีใหม่ไทยก็ตรงกับ _____(4)_____

โยชิ　　:　อ๋อ ! ถ้าอย่างนั้นตอนนี้วันปีใหม่ก็คือวันที่ ๑ มกราคมใช่ไหมครับ

　　　　　　แล้ววันสงกรานต์ _____(5)_____ ครับ

ส้ม　　:　ส่วนใหญ่ก็จะกลับบ้านต่างจังหวัดไปหาครอบครัว เพื่อไปทำบุญ

　　　　　　รดน้ำ ขอพรให้สิ่งดี ๆ เข้ามาในชีวิต บางคนก็จะ _____(6)_____

　　　　　　แล้วก็ยังมีการเล่นน้ำสงกรานต์ด้วยนะคะ

โยชิ　　:　_____(7)_____ ครับ น่าสนใจมากเลยครับ

　　　　　　ผมก็อยากไป ว่าแต่ _____(8)_____ ครับ

ส้ม　　:　ดิฉันจะไปเล่นที่สีลมค่ะ ถ้าคุณโยชิ _____(9)_____

โยชิ　　:　จริงเหรอครับ ถ้างั้นผม _____(10)_____

ส้ม　　:　ด้วยความยินดีค่ะ

選択肢

A. จะไปเล่นได้ที่ไหนเหรอ

B. ถือเป็นวันหยุดราชการ

C. วันที่ ๑ มกราคม เหมือนกับทั่วโลก

D. ไปเที่ยวต่างจังหวัดหรือต่างประเทศกับครอบครัว

E. สนใจก็ไปด้วยกันได้นะ

F. วันสงกรานต์ก็คือวันปีใหม่ไทย

G. ขอไปด้วยนะ

H. เล่นน้ำสงกรานต์เหรอ

I. บริษัทถึงมีวันหยุดหลายวันจัง

J. คนไทยทำอะไรกันเหรอ

7. 次の文章を読んで、下記の質問に対する答えの中から最も適切なものを選び、その番号を
ぬりつぶしなさい。

มังคุดเป็นผลไม้เมืองร้อนและได้รับความนิยมอย่างมากในแถบเอเชีย
สำหรับประเทศไทยพื้นที่ที่มีการปลูกมังคุดมากที่สุดคือบริเวณภาคใต้ ฤดูกาลที่
มังคุดอร่อยที่สุดคือฤดูฝน มังคุดมีลักษณะกลม เปลือกสีม่วงอมแดง และมีกลีบ
บนหัวคล้ายกับมงกุฎของพระราชินีจึงได้ชื่อว่า "ราชินีแห่งผลไม้" เนื้อข้างในสี
ขาว มีรสชาติหวานอมเปรี้ยว ทานแล้วจะรู้สึกสดชื่น มังคุดนอกจากทานเป็น
ผลไม้สด ๆ แล้วยังสามารถนำไปทำอาหารได้อีกด้วย เช่น ยำ แกง หรือนำไปทำ
ของหวานก็ได้ เช่น ไอศกรีมมังคุด น้ำมังคุด แยมมังคุด มังคุดมีสารอาหาร

หลากหลายและมีประโยชน์ต่อสุขภาพ เช่น ให้พลังงานแก่ร่างกาย ทำให้ผิวสวย ช่วยลดความเครียด ทำให้อารมณ์ดี ซึ่งไม่ใช่แค่เนื้อมังคุดเท่านั้นที่มีประโยชน์ แต่ เปลือกของมังคุดยังนำมาทำเป็นยา ทำเป็นสบู่ ครีมบำรุงผิวได้อีกด้วย มังคุดมี ประโยชน์มากก็จริง แต่ควรทานในปริมาณที่พอดี เพราะว่าบางคนเกิดอาการแพ้ ผิวหนังบวมแดง มีผื่นขึ้น ปวดหัว ปวดกล้ามเนื้อตามส่วนต่าง ๆ ของร่างกาย ท้องเสีย เป็นต้น

1) ทำไมมังคุดถึงได้ถูกเรียกว่า "ราชินีแห่งผลไม้"

   1. ชาวเอเชียชอบกินมังคุด

   2. ได้รับความนิยมจากชาวต่างชาติ

   3. ส่วนหัวของมังคุดมีกลีบคล้ายกับมงกุฎราชินี

   4. กินแล้วรู้สึกสดชื่น

2) ถ้าคุณกำลังเครียดและอารมณ์ไม่ดี ควรกินมังคุดหรือไม่

   1. ควร เพราะช่วยลดความเครียดและทำให้อารมณ์ดีขึ้น

   2. ควร เพราะเนื้อมังคุดหวาน อร่อย กินแล้วหายร้อน

   3. ไม่ควร เพราะถ้ากินเยอะเกินไปจะไม่ดีต่อร่างกาย

   4. ไม่ควร เพราะกินแล้วจะทำให้ปวดหัว

3) อาการของคนแพ้มังคุด มีอาการอะไรบ้าง

   1. มีผื่น ผิวหนังบวมแดง   2. ปวดกล้ามเนื้อ

   3. ท้องเสีย   4. ถูกทุกข้อ

4) ส่วนใดของมังคุดที่นำไปทำสบู่หรือครีมบำรุงผิว

   1. เนื้อ

   2. เปลือก

   3. เมล็ด

   4. ลำต้น

5) ข้อใดถูกต้อง

   1. มังคุดเป็นผลไม้เมืองหนาว

   2. ส่วนต่าง ๆ ของมังคุดนำมาทำได้ทั้งอาหารและยา

   3. มังคุดมีรูปร่างกลม เปลือกสีม่วงอมส้ม

   4. มังคุดมีประโยชน์มากก็เลยควรกินเยอะ ๆ

【リスニング】

リスニング試験は東京・大阪・名古屋 14：40〜14：55　バンコク 12：40〜12：55 まで行われます。
※問題・質問ともに、２度放送されます。

1. 次のタイ語の質問文を聴いて、その答えとして最も適切なものを選択肢の中から選び、その番号をぬりつぶしなさい。

1)　1. กระจก　　　2. แว่นตา　　　3. แว่นขยาย　　　4. เลนส์

2)　1. สีเงิน　　　2. สีน้ำตาล　　　3. สีเทา　　　4. สีเหลือง

3)　1. คณิตศาสตร์　　2. ประวัติศาสตร์　　3. วิทยาศาสตร์　　4. เศรษฐศาสตร์

4)　1. เกาหลี　　　2. อังกฤษ　　　3. ลาว　　　4. ญี่ปุ่น

5)　1. สถานีดับเพลิง　2. สถานีตำรวจ　　3. สถานีโทรทัศน์　4. สถานีขนส่ง

2. 次のタイ語の長文を聴いて、後の質問に対する答えとして最も適切なものを選択肢の中から選び、その番号をぬりつぶしなさい。

1)　1. พิพิธภัณฑ์ศิลปะ

　　2. พิพิธภัณฑ์สัตว์น้ำ

　　3. ศูนย์การเรียนรู้

　　4. พิพิธภัณฑ์ผีเสื้อและแมลง

2) 1. ห้างสยามพารากอน

   2. ห้างไอคอนสยาม

   3. สถานีรถไฟฟ้าสยาม

   4. ห้างเซ็นทรัลเวิลด์

3) 1. ไอคอน โอเชียน เวิลด์

   2. สยาม โอเชียน เวิลด์

   3. อควาเรียม เวิลด์

   4. แบงคอก โอเชียน เวิลด์

4) 1. ย้ายสถานที่

   2. ชื่อเดิมไม่น่าสนใจ

   3. มีสัตว์ทะเลเพิ่มเข้ามา

   4. เปลี่ยนเจ้าของ

5) 1. อควาเรียมนี้สามารถไปโดยรถไฟฟ้าได้

   2. อควาเรียมนี้เปิดให้บริการตั้งแต่ปี ค.ศ. ๒๐๐๕

   3. อควาเรียมนี้เหมาะกับเด็กและวัยรุ่นเท่านั้น

   4. อควาเรียมนี้มีทั้งสัตว์น้ำจืด น้ำเค็ม และสัตว์หายาก

解　答

【筆記試験】

1.

1) 2　　2) 1　　3) 3　　4) 4　　5) 1

6) 2　　7) 3　　8) 4　　9) 3　　10) 2

2.

1) 4 1 3 2　　2) 4 3 2 1　　3) 3 1 2 4　　4) 2 4 1 3

5) 2 1 3 4　　6) 2 3 1 4　　7) 3 2 4 1　　8) 1 4 3 2

9) 1 3 4 2　　10) 4 2 1 3

3.

1) 3　　2) 1　　3) 4　　4) 3　　5) 4

4.

1) 1　　2) 3　　3) 2　　4) 2　　5) 4

5.

1) 3　　2) 2　　3) 4　　4) 1　　5) 3

6.

   1) I   2) B   3) F   4) C   5) J

   6) D   7) H   8) A   9) E   10) G

7.

   1) 3   2) 1   3) 4   4) 2   5) 2

【リスニング】

1.

   1) 2   2) 3   3) 1   4) 4   5) 1

2.

   1) 2   2) 1   3) 2   4) 4   5) 3

リスニング放送用

日本タイ語検定協会主催　２０２２年　秋季　実用タイ語検定試験　３級
これよりリスニング試験を行います。問題は全部で２題あります。

1. 次のタイ語の質問文を聴いて、その答えとして最も適切なものを選択肢の中から選び
その番号をぬりつぶしなさい。問題は全部で５問あり２度放送されます。
解答時間は１問につき２０秒です。では問題を始めます。

1) สิ่งที่ทำด้วยแก้วหรือวัสดุใส ใช้สวมตา เพื่อช่วยให้มองเห็นชัดขึ้น

2) สีดำกับสีขาว เมื่อผสมกันแล้วจะได้สีอะไร

3) วิชาที่เกี่ยวกับการคำนวณตัวเลข บวก ลบ คูณ หาร

4) ธงชาติของประเทศอะไรที่มีรูปวงกลมสีแดงอยู่ตรงกลางพื้นสีขาว

5) ถ้าเกิดเหตุไฟไหม้ จะต้องโทรไปแจ้งสถานที่ใด

2. 次のタイ語の長文を聴いて、後の質問に対する答えとして最も適切なものを
選択肢の中から選び、その番号をぬりつぶしなさい。長文、質問ともに２度放送します。
質問は全部で５問あります。解答時間は質問１問につき２０秒です。
放送中にメモをとっても構いません。では問題を始めます。

พิพิธภัณฑ์สัตว์น้ำ　หรืออควาเรียม　เป็นหนึ่งในสถานที่แห่งการเรียนรู้สัตว์

ทะเลนานาชนิด　และสะดวกต่อการศึกษาเรียนรู้　แม้มีเวลาเพียงไม่กี่ชั่วโมงก็

สามารถชมและศึกษาข้อมูลเกี่ยวกับสัตว์นานาชนิดได้ในที่เดียว ซึ่งหนึ่งใน
พิพิธภัณฑ์สัตว์น้ำที่เดินทางสะดวกที่สุด สามารถเดินทางได้โดยรถไฟฟ้า และ
เป็นพิพิธภัณฑ์สัตว์น้ำใต้ดินที่ใหญ่ที่สุดแห่งหนึ่งของเมืองไทย ตั้งอยู่ที่ชั้น B1
และ B2 ของศูนย์การค้าสยามพารากอน แต่เดิมอควาเรียมแห่งนี้ชื่อว่า สยาม
โอเชียน เวิลด์ เปิดให้บริการเมื่อปี ค.ศ. ๒๐๐๕ ก่อนจะถูกซื้อกิจการ และเปลี่ยน
ชื่อใหม่เป็น ซี ไลฟ์ แบงคอก โอเชียน เวิลด์ โดยภายในจะมีการจัดแสดงสัตว์น้ำ
หลากหลายชนิดทั้งสัตว์น้ำจืดและสัตว์น้ำเค็ม รวมทั้งสัตว์หายากหลายชนิดด้วย
มีอุโมงค์ใต้ทะเล สามารถมองเห็นสัตว์ต่าง ๆ ได้ราวกับอยู่ใต้ท้องทะเลกับพวก
มัน นอกจากนี้ยังมีกิจกรรมการแสดงโชว์ การให้อาหารปลา ให้อาหารเพนกวิน
ฯลฯ นับเป็นที่เที่ยวที่เหมาะกับครอบครัว เข้าชมได้ทุกเพศทุกวัย

質問

1) อควาเรียม หรือชื่อในภาษาไทยเรียกว่าอะไร

2) อควาเรียมแห่งนี้ตั้งอยู่ที่ไหน

3) ซี ไลฟ์ แบงคอก โอเชียน เวิลด์ มีชื่อเดิมว่าอะไร

4) ทำไมถึงเปลี่ยนชื่อเป็น ซี ไลฟ์ แบงคอก โอเชียน เวิลด์

5) ข้อใดไม่ถูกต้อง

試験を終了します。ペンを置いて下さい。

日本タイ語検定協会主催

２０２３年　春季

実用タイ語検定試験　５級

การสอบวัดระดับความสามารถภาษาไทย ระดับที่ ๕

２０２３年６月１１日実施

試験時間　東京・大阪・名古屋　１０：００〜１１：１０

バンコク　８：００〜　９：１０

筆記試験　　６０分

（東京・大阪・名古屋１０：００〜１１：００　　バンコク　８：００〜　９：００）

リスニング試験　　１０分

（東京・大阪・名古屋１１：００〜１１：１０　　バンコク　９：００〜　９：１０）

受験番号＿＿＿＿＿＿＿＿＿＿＿＿

氏名＿＿＿＿＿＿＿＿＿＿＿＿＿

■ 受験上の注意 ■

① 試験開始の合図があるまで、問題用紙は開かないで下さい。

② 解答用紙に受験番号、氏名の記入のないものは受験無効となります。

③ 問題用紙にも必ず、受験番号、氏名をご記入下さい。

④ 問題用紙、解答用紙共に、試験終了後すべて回収します。会場からの持ち出しは厳禁です。

⑤ 解答の記入には、必ず黒鉛筆かシャープペンシルをお使い下さい。

⑥ 筆記試験時間は６０分です。筆記試験終了後、リスニング試験が行われますので、
　解答記入終了後も席を離れないようお願い致します。

⑦ 試験問題についての質問は受け付けません。

⑧ 不正行為を行われた場合、解答はすべて無効となります。

⑨ 試験会場内では、試験監督の指示に従って下さい。

■ マークシート要項の注意 ■

① 解答をマークする際は、はみ出さないように枠内を完全にぬりつぶして下さい。

② 解答を訂正する場合にはプラスティック消しゴムで完全に消して下さい。

■ マークシートの記入例 ■

【筆記試験】

1. 次の（　　　）内に入れるのに最も適切な語を選び、その番号をぬりつぶしなさい。

1) 私は日本から来ました。
   dichán maa (　　　　) pràthêetyîipùn
   ディチャン　マー（　　）　プラテートイープン

   1. thîi
      ティー
   2. càak
      チャーク
   3. khɯɯ
      クー
   4. thǔŋ
      トゥン

2) あなたはどこでタイ語を勉強していますか。
   khun riian phaasǎathai (　　　　)
   クン　リーアン　パーサータイ　（　　　）

   1. arai
      アライ
   2. mûɯwarài
      ムーアライ
   3. thîinǎi
      ティーナイ
   4. bɛ̀ɛpnǎi
      ベープナイ

3) メニューを見せてください。
   khɔ̌ɔ (　　　　) meenuu nɔ̀y khráp
   コー　（　　）メーヌー　ノイ　クラップ

   1. hěn
      ヘン
   2. faŋ
      ファン
   3. ráp
      ラップ
   4. duu
      ドゥー

4) 僕は車で会社へ行きます。
   phǒm pai bɔɔrísàt (　　　　) rótyon
   ポム　パイ　ボーリサット　（　　）ロットヨン

   1. dûay
      ドゥアイ
   2. chái
      チャイ
   3. dooy
      ドーイ
   4. khàp
      カップ

5) 今日の気温は３４度です。
wanníi unhaphuum săam sìp sìi (　　　　)
ワンニー ウンハプーム サーム シップ シー (　　　)

1. oŋsăa　　　　2. aakàat　　　　3. khráŋ　　　　4. khan
　　オンサー　　　　　アーカート　　　　　クラン　　　　　　カン

6) この辺りは郵便局がありますか。
thĕw níi (　　　　) praisanii mái khá
テウ ニー (　　　) プライサニー マイ カ

1. yùu　　　　2. mii　　　　3. khɯɯ　　　　4. rɯ̌ɯ
　　ユー　　　　　ミー　　　　　クー　　　　　　ルー

7) 土曜日、僕はゴルフに行きます。
wansău phŏm cà pai (　　　　) kɔ́p
ワンサオ ポム チャ パイ (　　　) コップ

1. tham　　　　2. thîiaw　　　　3. khìi　　　　4. lên
　　タム　　　　　ティーアウ　　　　キー　　　　　　レン

8) 彼はタイ人ではありません。
kháu (　　　　) khonthai
カオ (　　　) コンタイ

1. mâi châi　　2. mâi　　　　3. mâi dâi　　　4. mâi pen
　　マイ チャイ　　マイ　　　　　マイ ダイ　　　　マイ ペン

9) 最近、仕事が忙しいですか。
chûaŋníi ŋaan (　　　　) mái khá
チュアンニー ガーン (　　　) マイ カ

1. yài　　　　2. nàk　　　　3. yaaw　　　　4. yûŋ
　　ヤイ　　　　　ナック　　　　　ヤーウ　　　　　ユン

10) また、会いましょう。

(   ) kan mài khráp

(   ) カン　マイ　クラップ

1. khuy	2. thoo	3. cəə	4. sòŋ
クイ	トー	チュー	ソン

2. 次の日本語を表すように単語を並び替え、(**A**) ～ (**D**)に入る
正しい単語の数字をぬりつぶしなさい。

1) 私は新しい鞄が欲しいです。

(**A**)(**B**)(**C**)(**D**)

1. yàak dâi	2. kràpǎu	3. dichán	4. mài
ヤーク　ダイ	クラパオ	ディチャン	マイ

2) あなたが日本へ行ったのは初めてですよね。

khun (**A**)(**B**)(**C**)(**D**) khráp

クン   クラップ

1. khráŋrɛ̂ɛk	2. châimái	3. pai	4. yîipùn
クランレーク	チャイマイ	パイ	イープン

3) 私は辛い料理を食べたので、お腹が痛いです。

dichán (**A**)(**B**)(**C**)(**D**)

ディチャン

1. kin	2. aahǎan phèt	3. phrɔ́wâa	4. pùat thɔ́ɔŋ
キン	アーハーン　ペット	プロワー	プアット　トーン

4) 遅くなってすみません。

(A)(B)(C)(D) khráp
　　　　　　　　　　　　　　　　　　　クラップ

1. khɔ̌ɔthôot	2. thîi	3. sǎay	4. maa
コートート	ティー	サーイ	マー

5) この料理の名前は何ですか。

(A)(B)(C)(D) khá
　　　　　　　　　　　　　　　　　　カ

1. arai	2. aahǎan	3. chɯɯ	4. níi
アライ	アーハーン	チュー	ニー

6) タイの国旗は何色がありますか。

(A)(B)(C)(D) khráp
　　　　　　　　　　　　　　　　　　　クラップ

1. mii	2. kìi	3. sǐi	4. thoŋchâatthai
ミー	キー	シー	トンチャートタイ

7) もう一度言ってください。

(A)(B)(C)(D) khâ
　　　　　　　　　　　　　　　　　　カ

1. nùŋ khráŋ	2. chûay	3. phûut	4. ìik
ヌン　クラン	チュアイ	プート	イーク

8) シャワーを浴びたら、買い物に行きます。

(A)(B)(C)(D)

1. àap náam	2. sɯ́ɯkhɔ̌ɔŋ	3. cà pai	4. sèt
アープ　ナーム	スーコーン	チャ　パイ	セット

9) 彼はまだ結婚していません。
(**A**)(**B**)(**C**)(**D**)

1. tɛ̀ŋŋaan テンガーン	2. yaŋ ヤン	3. kháu カオ	4. mâi dâi マイ　ダイ

10) 僕はここで仕事をして、3年になります。
phǒm (**A**)(**B**)(**C**)(**D**)
ポム

1. sǎam pii サーム　ピー	2. thamŋaan タムガーン	3. lɛ́ɛw レーウ	4. thîinîi ティーニー

3. 次のタイ語の訳として最も適切なものを選択肢の中から選び
その番号をぬりつぶしなさい。

1) khanǒm
カノム

1. パン　　　　　2. お菓子　　　　　3. 飲み物　　　　　4. 果物

2) càay ŋən
チャーイ　グン

1. お金を払う　　2. お金を預ける　　3. お金を引き出す　4. お金を振り込む

3) cháaŋ
チャーン

1. 馬　　　　　　2. ウサギ　　　　　3. 象　　　　　　4. 鳥

4) ûan
    ウアン

    1. 痩せている　　　2. 厚い　　　　　3. 太っている　　　4. 低い

5) núɯwamǔu
    ヌーアムー

    1. 鶏肉　　　　　　2. 牛肉　　　　　3. 焼肉　　　　　　4. 豚肉

6) phótcànaanúkrom
    ポッチャナーヌクロム

    1. 新聞　　　　　　2. 辞書　　　　　3. 雑誌　　　　　　4. 小説

7) wanphút
    ワンプット

    1. 月曜日　　　　　2. 火曜日　　　　3. 水曜日　　　　　4. 木曜日

8) sân
    サン

    1. 短い　　　　　　2. 狭い　　　　　3. 遅い　　　　　　4. 小さい

9) phrík
    プリック

    1. かぼちゃ　　　　2. 玉ねぎ　　　　3. きゅうり　　　　4. 唐辛子

10) nom
    ノム

    1. お茶　　　　　　2. 牛乳　　　　　3. コーヒー　　　　4. 水

4. 次の文を読んで、選択肢の中から<u>日本語の内容</u>と最も近いものを選び
その番号をぬりつぶしなさい。

1) あなたはタイの歌を歌うことが出来ますか。

1. khun pen rɔ́ɔŋ phleeŋthai mái khá
   クン　ペン　ローン　プレーンタイ　マイ　カ

2. khun rɔ́ɔŋ pen phleeŋthai mái khá
   クン　ローン　ペン　プレーンタイ　マイ　カ

3. khun rɔ́ɔŋ phleeŋthai pen mái khá
   クン　ローン　プレーンタイ　ペン　マイ　カ

4. khun pen phleeŋthai rɔ́ɔŋ mái khá
   クン　ペン　プレーンタイ　ローン　マイ　カ

2) これはあまり美味しくないです。

1. anníi mâi arɔ̀y khɔ̂y
   アンニー　マイ　アロイ　コイ

2. anníi mâi khɔ̂y arɔ̀y
   アンニー　マイ　コイ　アロイ

3. arɔ̀y anníi mâi khɔ̂y
   アロイ　アンニー　マイ　コイ

4. mâi khɔ̂y anníi arɔ̀y
   マイ　コイ　アンニー　アロイ

3) 来週、私は息子を遊園地へ連れて行きます。

1. dichán aathítnâa cà pai phaa lûukchaay sǔansanùk
   ディチャン　アーティットナー　チャ　パイ　パー　ルークチャーイ　スアンサヌック

2. aathítnâa dichán cà phaa lûukchaay pai sǔansanùk
   アーティットナー　ディチャン　チャ　パー　ルークチャーイ　パイ　スアンサヌック

3. aathítnâa dichán cà pai sǔansanùk phaa lûukchaay
   アーティットナー　ディチャン　チャ　パイ　スアンサヌック　パー　ルークチャーイ

4. dichán cà phaa pai sǔansanùk lûukchaay aathítnâa
   ディチャン　チャ　パー　パイ　スアンサヌック　ルークチャーイ　アーティットナー

4) 僕の趣味は絵を描くことです。

1. phǒm khɯɯ ŋaanadirèek khɔ̌ɔŋ wâat rûup
   ポム　クー　ガーンアディレーク　コーン　ワート　ループ

2. phǒm khɔ̌ɔŋ ŋaanadirèek khɯɯ wâat rûup
   ポム　コーン　ガーンアディレーク　クー　ワート　ループ

3. wâat rûup khɔ̌ɔŋ phǒm khɯɯ ŋaanadirèek
   ワート　ループ　コーン　ポム　クー　ガーンアディレーク

4. ŋaanadirèek khɔ̌ɔŋ phǒm khɯɯ wâat rûup
   ガーンアディレーク　コーン　ポム　クー　ワート　ループ

5) 今晩、一緒に映画を見に行きませんか。

1. yenníi pai duu nǎŋ kan mái khráp
   イエンニー　パイ　ドゥー　ナン　カン　マイ　クラップ

2. pai nǎŋ duu kan mái yenníi khráp
   パイ　ナン　ドゥー　カン　マイ　イエンニー　クラップ

3. yenníi pai kan mái duu nǎŋ khráp
   イエンニー　パイ　カン　マイ　ドゥー　ナン　クラップ

4. nǎŋ yenníi pai duu kan mái khráp
   ナン　イエンニー　パイ　ドゥー　カン　マイ　クラップ

6) 僕は彼に言うのを忘れました。

1. phǒm lɯɯm bɔ̀ɔk kháu
   ポム　ルーム　ボーク　カオ

2. phǒm lɯɯm kháu bɔ̀ɔk
   ポム　ルーム　カオ　ボーク

3. kháu lɯɯm bɔ̀ɔk phǒm
   カオ　ルーム　ボーク　ポム

4. phǒm bɔ̀ɔk kháu lɯɯm
   ポム　ボーク　カオ　ルーム

7) 明後日、僕は医者に行かなければならないです。

1. máruɯɯnníi phǒm tôŋ hǎa pai mɔ̌ɔ
   マルーンニー　ポム　トン　ハー　パイ　モー

2. phǒm máruɯɯnníi mɔ̌ɔ tôŋ pai hǎa
   ポム　マルーンニー　モー　トン　パイ　ハー

3. phǒm tôŋ hǎa mɔ̌ɔ pai máruɯɯnníi
   ポム　トン　ハー　モー　パイ　マルーンニー

4. máruɯɯnníi phǒm tôŋ pai hǎa mɔ̌ɔ
   マルーンニー　ポム　トン　パイ　ハー　モー

8) 友達は私にタイ語を教えてくれました。

1. phûɯwan sɔ̌ɔn hâi dichán phaasǎathai
   プーアン　ソーン　ハイ　ディチャン　パーサータイ

2. phûɯwan hâi dichán sɔ̌ɔn phaasǎathai
   プーアン　ハイ　ディチャン　ソーン　パーサータイ

3. phûɯwan sɔ̌ɔn phaasǎathai hâi dichán
   プーアン　ソーン　パーサータイ　ハイ　ディチャン

4. dichán sɔ̌ɔn phaasǎathai phûɯwan hâi
   ディチャン　ソーン　パーサータイ　プーアン　ハイ

9) もしお金があれば、家を買います。

1. mii ŋən thâa cà súɯ bâan
   ミー　グン　ター　チャ　スー　バーン

2. thâa mii ŋən cà súɯ bâan
   ター　ミー　グン　チャ　スー　バーン

3. thâa cà mii ŋən bâan súɯ
   ター　チャ　ミー　グン　バーン　スー

4. thâa cà súɯ bâan mii ŋən
   ター　チャ　スー　バーン　ミー　グン

10) 明日、雪が降ると聞きました。

　　1. phǒm dâiyin wâa phrûŋníi himá cà tòk
　　　ポム　ダイイン　ワー　プルンニー　ヒマ　チャ　トック

　　2. phrûŋníi phǒm cà dâiyin wâa himá tòk
　　　プルンニー　ポム　チャ　ダイイン　ワー　ヒマ　トック

　　3. phǒm dâiyin wâa himá tòk cà phrûŋníi
　　　ポム　ダイイン　ワー　ヒマ　トック　チャ　プルンニー

　　4. phrûŋníi phǒm dâiyin wâa cà tòk himá
　　　プルンニー　ポム　ダイイン　ワー　チャ　トック　ヒマ

5. 次の文を読んで、選択肢の中から<u>タイ語の内容と最も近いもの</u>を選び
　 その番号をぬりつぶしなさい。

1) mɯɯthɯ̌ɯ nán raakhaa thâurài khráp
　 ムートゥー　ナン　ラーカー　タオライ　クラップ

　　1. その携帯電話は誰のですか。

　　2. その携帯電話はいくらですか。

　　3. その携帯電話は値段が高いですか。

　　4. その携帯電話は何のブランドですか。

2) tɔɔn dèk dèk nɔ́ɔŋchaay yàak pen nákbin
　 トーン　デック　デック　ノーンチャーイ　ヤーク　ペン　ナックビン

　　1. 子供の頃、弟はパイロットになりたがっていました。

　　2. 将来、弟はパイロットになりたがっています。

　　3. 子供の頃、兄はパイロットになりたがっていました。

　　4. 将来、兄はパイロットになりたがっています。

3) hâam sùup burìi thîinîi
    ハーム　スープ　ブリー　ティーニー

    1. ここでタバコを吸ってもいいですよ。

    2. ここでタバコを吸うべきではないです。

    3. ここでタバコを吸ってはいけません。

    4. ここでタバコを吸ってもいいですか。

4) mûɯacháau róttìt mâak
    ムーアチャーオ　ロットティット　マーク

    1. 朝はいつも渋滞しています。

    2. 毎朝、渋滞がひどいです。

    3. 昨晩、渋滞がひどかったです。

    4. 今朝、渋滞がひどかったです。

5) phǒm khít wâa phaasǎaaŋkrìt ŋâay kwàa phaasǎathai
    ポム　キット　ワー　パーサーアンクリット　ガーイ　クワー　パーサータイ

    1. 僕は英語とタイ語は同じぐらい簡単だと思います。

    2. 僕は英語はタイ語よりも簡単だと思います。

    3. 僕はタイ語は英語よりも簡単だと思います。

    4. 僕は英語はタイ語よりも難しいと思います。

6. 次のタイ語の質問に対する答えとして最も適切なものを選択肢の中から選び
その番号をぬりつぶしなさい。

1) wanníi aakàat pen yaŋŋai
ワンニー　アーカート　ペン　ヤンガイ

   1. caidii khâ
    チャイディー　カ

   2. rɯ́duu baimáaiphlì khâ
    ルドゥー　バイマーイプリ　カ

   3. nǎaw nítnɔ̀y khâ
    ナーウ　ニットノイ　カ

   4. wanníi mii thúrá khâ
    ワンニー　ミー　トゥラ　カ

2) khun sudaa yùu mái khráp
クン　スダー　ユー　マイ　クラップ

   1. mâi mii khâ
    マイ　ミー　カ

   2. pai khâaŋnɔ̂ok khâ
    パイ　カーンノーク　カ

   3. rúucàk khâ
    ルーチャック　カ

   4. mii nát lέεw khâ
    ミー　ナット　レーウ　カ

3) khun ɔ̀ɔkkamlaŋkaay bɔ̀y mái khá
クン　オークカムランカーイ　ボイ　マイ　カ

   1. hěn bɔ̀y bɔ̀y khâ
     ヘン　ボイ　ボイ　カ

   2. kamlaŋ ɔ̀ɔkkamlaŋkaay yùu khâ
     カムラン　オークカムランカーイ　ユー　カ

   3. aathít lá sɔ̌ɔŋ wan khâ
     アーティット　ラ　ソーン　ワン　カ

   4. àat cà yâak khâ
     アート　チャ　ヤーク　カ

4) phuukhǎu arai sǔuŋ thîisùt nai yîipùn khráp
プーカオ　アライ　スーン　ティースット　ナイ　イープン　クラップ

   1. phuukhǎufai fuucì khráp
     プーカオファイ　フージ　クラップ

   2. phuukhǎu kàp thalee khráp
     プーカオ　カップ　タレー　クラップ

   3. phuukhǎufai fuucì sǔay thîisùt khráp
     プーカオファイ　フージ　スアイ　ティースット　クラップ

   4. yàak pai phuukhǎufai fuucì thîisùt khráp
     ヤーク　パイ　プーカオファイ　フージ　ティースット　クラップ

5) pen arai khá mâi sabaay rɵ̌ɵ khá
ペン　アライ　カ　マイ　サバーイ　ルー　カ

   1. mâi rúucàk khâ　　　　　　2. mâi hǐw khâ
     マイ　ルーチャック　カ　　　　　マイ　ヒウ　カ

   3. wankɵ̀ɵt phûɯwan khâ　　4. pùat fan khâ
     ワンクート　プーアン　カ　　　　プアット　ファン　カ

【リスニング】

リスニング試験は**東京・大阪・名古屋** 11：00〜11：10、**バンコク** 9：00〜9：10 まで行われます。

※問題は２度放送されます。

1.　次のタイ語を聴いて、最も適切な番号をぬりつぶしなさい。

［例題］　　　放送されるタイ語　　ดินสอกด　　ディンソーコット

［選択肢］　1．ペン　　2．鉛筆　　3．消しゴム　　4．シャーペン

［答え］　　**4**

1)　1．薄い　　　　　2．熱い　　　　　3．温かい　　　　4．冷たい

2)　1．下　　　　　　2．後ろ　　　　　3．前　　　　　　4．上

3)　1．箸　　　　　　2．ナイフ　　　　3．スプーン　　　4．フォーク

4)　1．嫌がる　　　　2．飽きる　　　　3．愛する　　　　4．怖れる

5)　1．マンゴスチン　2．パイナップル　3．みかん　　　　4．バナナ

2. 次のタイ語を聴いて、それに関連する最も適切な番号をぬりつぶしなさい。

［例題］　　　放送されるタイ語　　khun pai súɯɯkhɔ̌ɔŋ kìi mooŋ
　　　　　　　　　　　　　　　　　クン　パイ　スーコーン　キー　モーン

［選択肢］　　1. sǎam chûuamooŋ　　　2. bàay sǎam mooŋ
　　　　　　　　サーム　チューアモーン　　　バーイ　サーム　モーン

　　　　　　　3. sǎam khon　　　　　　4. wanthîi sǎam
　　　　　　　　サーム　コン　　　　　　　ワンティー　サーム

［答え］　　**2**

1)　1. chɔ̂ɔp tháŋkhûu　　　　　2. wâaynáam
　　　チョープ　タンクー　　　　　　ワーイナーム

　　3. mâi wâaŋ khâ　　　　　　4. mâi khɔ̂y tham khâ
　　　マイ　ワーン　カ　　　　　　　マイ　コイ　タム　カ

2)　1. sǎam dɯɯan khráp　　　　2. klàp kàp phanrayaa khráp
　　　サーム　ドゥーアン　クラップ　　　クラップ　カップ　パンラヤー　クラップ

　　3. dooy khrûɯaŋbin khráp　　4. dɯɯannâa khráp
　　　ドーイ　クルーンビン　クラップ　　ドゥーアンナー　クラップ

3)　1. mâi rápsǎay khâ　　　　　2. tɯ̀ɯn sǎay khâ
　　　マイ　ラップサーイ　カ　　　　　トゥーン　サーイ　カ

　　3. wanníi maa mâi dâi khâ　　4. mâi mii weelaa khâ
　　　ワンニー　マー　マイ　ダイ　カ　　マイ　ミー　ウェーラー　カ

4) 1. chán hâa khráp
チャン　ハー　クラップ

2. hâa chán khráp
ハー　チャン　クラップ

3. arɔ̀y mâak khráp
アロイ　マーク　クラップ

4. ráanaahǎan yùt wancan
ラーンアーハーン　ユット　ワンチャン

5) 1. thîinǎi kɔ̂ɔ dâi khâ
ティーナイ　コ　ダイ　カ

2. khɔ̀ɔpkhun khâ
コープクン　カ

3. sɔ̌ɔŋ thîi khâ
ソーン　ティー　カ

4. thîinîi khâ
ティーニー　カ

解　答

【筆記試験】

1.

1) 2　　　2) 3　　　3) 4　　　4) 3　　　5) 1

6) 2　　　7) 4　　　8) 1　　　9) 4　　　10) 3

2.

1) 3 1 2 4　　　2) 3 4 1 2

3) 4 3 1 2　　　4) 1 2 4 3

5) 2 4 3 1　　　6) 4 1 2 3

7) 2 3 4 1　　　8) 1 4 3 2

9) 3 2 4 1　　　10) 2 4 1 3

3.

1) 2　　　2) 1　　　3) 3　　　4) 3　　　5) 4

6) 2　　　7) 3　　　8) 1　　　9) 4　　　10) 2

4.

1) 3　　　2) 2　　　3) 2　　　4) 4　　　5) 1

6) 1　　　7) 4　　　8) 3　　　9) 2　　　10) 1

5.

   1) 2   2) 1   3) 3   4) 4   5) 2

6.

   1) 3   2) 2   3) 3   4) 1   5) 4

【リスニング】

1.

   1) 4   2) 2   3) 1   4) 3   5) 3

2.

   1) 2   2) 4   3) 2   4) 1   5) 3

リスニング放送用

日本タイ語検定協会主催　２０２３年　春季　実用タイ語検定試験　５級
これよりリスニング試験を行います。
問題は全部で２題あります。例題がありますので、よく聴いて答えて下さい。

1.　次のタイ語を聴いて、最も適切な番号をぬりつぶしなさい。
　　問題は全部で５問あり、それぞれ２度放送します。解答時間は１問につき１０秒です。

　　　(例) dinsɔ̆ɔkòt　　ディンソーコット

　　　答えは４番となります。では、問題を始めます。

1)　yen　　イェン

2)　khâaŋlăŋ　　カーンラン

3)　tàkìiap　　タキアップ

4)　rák　　ラック

5)　sôm　　ソム

2. 次のタイ語を聴いて、それに関連する最も適切な番号をぬりつぶしなさい。
   問題は全部で５問あり、それぞれ２度放送します。解答時間は１問につき２０秒です。

（例）khun pai súɯkhɔ̌ɔŋ kìi mooŋ

　　　クン　パイ　スーコーン　キー　モーン

答えは２番となります。では、問題を始めます。

1) weelaa wâaŋ khun chɔ̂ɔp tham arai

　ウェーラー　ワーン　クン　チョープ　タム　アライ

2) khun cà klàp yîipùn mɯ̂ɯwarài khá

　クン　チャ　クラップ　イープン　ムーアライ　カ

3) thammai wanníi khun maa sǎay khráp

　タムマイ　ワンニー　クン　マー　サーイ　クラップ

4) khɔ̌ɔthôot khâ ráanaahǎan yùu chán arai khá

　コートート　カ　ラーンアーハーン　ユー　チャン　アライ　カ

5) yindiitɔ̂ɔnráp khráp kìi thîi khráp

　インディートーンラップ　クラップ　キー　ティー　クラップ

試験を終了します。ペンを置いて下さい。

日本タイ語検定協会主催

２０２３年　春季

実用タイ語検定試験　４級

การสอบวัดระดับความสามารถภาษาไทย ระดับที่ ๔

２０２３年６月１１日実施

試験時間　東京・大阪・名古屋　１１：５０～１３：００

バンコク　９：５０～１１：００

筆記試験　　６０分

（東京・大阪・名古屋１１：５０～１２：５０　　バンコク　９：５０～１０：５０）

リスニング試験　　１０分

（東京・大阪・名古屋１２：５０～１３：００　　バンコク１０：５０～１１：００）

受験番号＿＿＿＿＿＿＿＿＿＿

氏名＿＿＿＿＿＿＿＿＿＿＿＿

■ 受験上の注意 ■

① 試験開始の合図があるまで、問題用紙は開かないで下さい。

② 解答用紙に受験番号、氏名の記入のないものは受験無効となります。

③ 問題用紙にも必ず、受験番号、氏名をご記入下さい。

④ 問題用紙、解答用紙共に、試験終了後すべて回収します。会場からの持ち出しは厳禁です。

⑤ 解答の記入には、必ず黒鉛筆かシャープペンシルをお使い下さい。

⑥ 筆記試験時間は６０分です。筆記試験終了後、リスニング試験が行われますので、
　解答記入終了後も席を離れないようお願い致します。

⑦ 試験問題についての質問は受け付けません。

⑧ 不正行為を行われた場合、解答はすべて無効となります。

⑨ 試験会場内では、試験監督の指示に従って下さい。

■ マークシート要項の注意 ■

① 解答をマークする際は、はみ出さないように枠内を完全にぬりつぶして下さい。

② 解答を訂正する場合にはプラスティック消しゴムで完全に消して下さい。

■ マークシートの記入例 ■

〔良い例〕	〔悪い例〕		
●	薄すぎる	はみ出している	塗りが足りない

【筆記試験】

1. 次の（　　　　）内に入れるのに最も適切な語を選び、その番号をぬりつぶしなさい。

1) เราควร (　　　　) มือก่อนกินข้าวทุกครั้ง
   1. ซัก　　　　2. ถือ　　　　3. ล้าง　　　　4. แปรง

2) ผมเล่นกีตาร์ไม่ (　　　　) เพราะว่าไม่เคยเรียน
   1. คือ　　　　2. เป็น　　　　3. ไหว　　　　4. รู้

3) ขอถุงอีก ๑ (　　　　) ได้ไหมคะ
   1. ตัว　　　　2. คัน　　　　3. ใบ　　　　4. ด้าม

4) เดือนหน้า ผมคิดว่าจะ (　　　　) รถไฟไปเชียงใหม่
   1. นั่ง　　　　2. ขี่　　　　3. ด้วย　　　　4. โดย

5) ผมชอบอาหารไทย (　　　　) อาหารเกาหลี
   1. พอ ๆ กัน　　2. ด้วยกัน　　3. ที่สุด　　　4. มากกว่า

6) ดิฉันถูกฝน (　　　　) เป็นหวัด
   1. เพราะว่า　　2. แล้วค่อย　　3. ก็เลย　　　4. ต้องการ

7) ดิฉันไม่เคย (   ) สัตว์เลย

    1. ปลูก   2. ขับ   3. ถือ   4. เลี้ยง

8) พรุ่งนี้หิมะ (   ) ตก

    1. คงจะ   2. คือ   3. และ   4. กำลัง

9) น้องสาวชอบอ่านหนังสือ (   ) แฟชั่น

    1. เหมาะกับ   2. เกี่ยวกับ   3. เป็น   4. ตอน

10) ถ้าพูดถึงประเทศญี่ปุ่น ผมจะ (   ) ซูชิ

    1. ตื่นเต้น   2. คิดถึง   3. คิด   4. รัก

2. 次の空欄に入れるのに最も適切な文を選び、その番号をぬりつぶしなさい。

1) A : ช่วงนี้ดิฉันไม่ค่อยได้เจอคุณเลย

    B : ....

    1. สามีของดิฉันไม่อยู่   2. ออกไปข้างนอกเมื่อกี้

    3. ดิฉันไปญี่ปุ่นมา   4. ไม่เจอดีกว่า

2) A : ....

    B : ผมจะไปต่อวีซ่าครับ

    1. คุณจะไปยังไงคะ   2. คุณจะไปต่อวีซ่าเมื่อไหร่คะ

    3. คุณจะไปไหนคะ   4. คุณจะไปกับใครคะ

3) A : คุณออกกำลังกายบ่อยไหมครับ

    B : ....

    1. ออกกำลังกายที่ฟิตเนสค่ะ   2. ทุกวันค่ะ

    3. ดูกีฬาบ่อย ๆ ค่ะ   4. ไปวิ่งที่สวนสาธารณะค่ะ

4) A : สอบภาษาไทยปีนี้ยากไหมคะ

    B : ....

    1. ยากทั้งคู่ค่ะ   2. พอ ๆ กับปีที่แล้วค่ะ

    3. สอบเดือนกรกฎาคมค่ะ   4. สอบที่มหาวิทยาลัยค่ะ

5) A : ทำไมวันนี้มาสายคะ

    B : ....

    1. วันนี้ตื่นเร็วค่ะ   2. มาสายครึ่งชั่วโมงค่ะ

    3. รถเมล์สาย ๓ ค่ะ   4. รถไฟฟ้ามาช้าค่ะ

6)　A :　รองเท้าร้านนี้แพงไหมคะ

　　　B :　...

　　1.　ไม่แพงเท่าไหร่ค่ะ　　　　2.　ไม่อยากได้ค่ะ

　　3.　มีเยอะมากค่ะ　　　　　　4.　แพงแต่อร่อยค่ะ

7)　A :　รับอะไรดีคะ

　　　B :　...

　　1.　จะไปรับลูกชายครับ　　　2.　เอาชาเขียวเย็น ๒ แก้วครับ

　　3.　ร้านนี้ดีไหมครับ　　　　　4.　รับเงินสดเท่านั้นครับ

8)　A :　ปกติคุณไปซื้อของที่ไหน

　　　B :　...

　　1.　ไปซื้อดินสอค่ะ　　　　　2.　ของถูกมากค่ะ

　　3.　ไปอาทิตย์ละ ๓ วันค่ะ　　4.　ตลาดค่ะ

9)　A :　ไม่ทราบว่า เขาจะกลับมากี่โมงครับ

　　　B :　...

　　1.　เขาไม่ได้บอกค่ะ　　　　　2.　เขาออกไปข้างนอกค่ะ

　　3.　๒ ชั่วโมงค่ะ　　　　　　4.　คิดว่ามาค่ะ

10) A :　..

　　 B :　ฟังเพลงครับ

　　 1.　ร้องเพลงไหมคะ　　　　　 2.　ฟังเพลงอะไรคะ

　　 3.　งานอดิเรกของคุณคืออะไรคะ　　 4.　นักร้องคนนี้ชื่ออะไรคะ

3. 次の日本語を表すように単語を並び替え、（ Ａ ）〜（ Ｄ ）に入る
　　 正しい単語の数字をぬりつぶしなさい。

1)　今日、誰にも会わなかった。

　　 วันนี้ (　Ａ 　) (　Ｂ 　) (　Ｃ 　) (　Ｄ 　) ครับ

1.　ใคร	2.　เจอ	3.　เลย	4.　ไม่

2)　僕はまだレストランを予約していません。

　　 ผม (　Ａ 　) (　Ｂ 　) (　Ｃ 　) (　Ｄ 　) ครับ

1.　ไม่ได้	2.　ร้านอาหาร	3.　ยัง	4.　จอง

3)　私はタイ語を上手に話せるようになりたい。

　　 ดิฉัน (　Ａ 　) (　Ｂ 　) (　Ｃ 　) (　Ｄ 　) ค่ะ

1.　ภาษาไทย	2.　ได้เก่ง	3.　ขึ้น	4.　อยากพูด

4) 何のケーキがよく売れていますか。

（　Ａ　）（　Ｂ　）（　Ｃ　）（　Ｄ　）คะ

1. ดี	2. ขนมเค้ก	3. ขาย	4. อะไร

5) 私は初めてここに来ました。

ดิฉัน（　Ａ　）（　Ｂ　）（　Ｃ　）（　Ｄ　）

1. เพิ่ง	2. มาที่นี่	3. เคย	4. ครั้งแรก

4. 次の日本語の内容と最も近いものを選択肢の中から選び、その番号をぬりつぶしなさい。

1) 仕事が終わった後で、友達とご飯を食べに行きます。

1. ทำงานเสร็จหลังจากจะไปกินข้าวกับเพื่อน

2. หลังจากทำงานเสร็จจะไปกินข้าวกับเพื่อน

3. ไปกินข้าวกับเพื่อนหลังจากจะทำงานเสร็จ

4. หลังจากเสร็จทำงานจะไปกินข้าวกับเพื่อน

2) 私の家は公園の隣にあります。

1. ดิฉันของบ้านอยู่ข้าง ๆ สวนสาธารณะ

2. บ้านของดิฉันอยู่สวนสาธารณะข้าง ๆ

3. ข้าง ๆ สวนสาธารณะอยู่บ้านของดิฉัน

4. บ้านของดิฉันอยู่ข้าง ๆ สวนสาธารณะ

3) 私はこの映画を見てみたい。

   1. ดิฉันอยากลองดูหนังเรื่องนี้

   2. ดิฉันอยากดูลองเรื่องนี้หนัง

   3. ดิฉันลองอยากดูหนังเรื่องนี้

   4. ดิฉันดูหนังอยากลองเรื่องนี้

4) 昨日、僕は宿題をするのを忘れました。

   1. ผมทำการบ้านลืมเมื่อวาน

   2. การบ้านผมทำเมื่อวานลืม

   3. เมื่อวานผมลืมทำการบ้าน

   4. เมื่อวานผมลืมการบ้านทำ

5) あなたは何を探していますか。

   1. คุณกำลังหาอะไรอยู่คะ

   2. คุณกำลังหาอยู่อะไรคะ

   3. คุณอยู่กำลังหาอะไรคะ

   4. อะไรคุณกำลังหาอยู่คะ

5. 次の日本語の訳として最も適切なものを選択肢の中から選び、
その番号をぬりつぶしなさい。

1) ぶどう

    1. มังคุด   2. องุ่น   3. มะม่วง   4. แตงโม

2) 洗濯する

    1. ซักผ้า   2. รีดผ้า   3. สระผม   4. ทำความสะอาด

3) 嬉しい

    1. เสียดาย   2. ใจดี   3. สบายใจ   4. ดีใจ

4) イカ

    1. กุ้ง   2. ปู   3. หอย   4. ปลาหมึก

5) 口

    1. หู   2. คอ   3. ปาก   4. แขน

6. 次のタイ語の訳として最も適切なものを選択肢の中から選び、
その番号をぬりつぶしなさい。

1) ตู้เย็น

    1. 扇風機   2. 掃除機   3. 冷蔵庫   4. 炊飯器

2) กว้าง

    1. 長い   2. 広い   3. 大きい   4. 多い

3) สีชมพู

   1. 赤色　　　　2. 紫色　　　　3. 緑色　　　　4. ピンク色

4) ทิศเหนือ

   1. 北　　　　2. 南　　　　3. 東　　　　4. 西

5) เดือนธันวาคม

   1. 4月　　　　2. 11月　　　　3. 12月　　　　4. 1月

7. 次の文章を読んで、下記の質問に対する答えの中から最も適切なものを選び、
その番号をぬりつぶしなさい。

　　วันครูและวันไหว้ครูเป็นหนึ่งในวันสำคัญของไทย ทั้งสองวันเป็นวันที่
เกี่ยวกับครู แต่จริง ๆ แล้วทั้งสองวันไม่เหมือนกัน และยังอยู่ห่างกัน ๕ เดือน
ด้วย คนไทยบางคนไม่รู้ว่าวันครูและวันไหว้ครูไม่เหมือนกัน

　　วันครูคือวันที่ ๑๖ มกราคมของทุกปี ส่วนวันไหว้ครูไม่ได้กำหนดวันที่ที่
แน่นอน ส่วนใหญ่จะอยู่ช่วงเดือนมิถุนายนของทุกปีในวันพฤหัสบดี ในวันครู
จะมีคุณครูจากหลายโรงเรียนมาเจอกัน คุยกัน เพื่อแลกเปลี่ยนความรู้ ส่วนวัน
ไหว้ครูเป็นวันที่นักเรียนเอาดอกไม้มาให้คุณครู เพื่อขอบคุณคุณครูที่เคยสอน

　　ทำไมถึงต้องมีวันครูและวันไหว้ครู เพราะว่าคนไทยส่วนใหญ่คิดว่าอาชีพ
ครูเป็นอาชีพที่สำคัญ เป็นคนที่ให้ความรู้กับนักเรียน ถ้าไม่มีอาชีพครูก็จะไม่มี
คนให้ความรู้กับเด็ก ๆ อาชีพครูก็เลยเป็นอาชีพที่ทุกคนต้องขอบคุณ

1) วันครูคือวันที่เท่าไหร่

   1. ๑๖ มิถุนายน   2. แล้วแต่ปี

   3. ๑๖ มกราคม   4. ๑๖ พฤษภาคม

2) วันไหว้ครูถูกจัดในวันอะไร

   1. วันอังคาร   2. วันพฤหัสบดี   3. วันศุกร์   4. วันเสาร์

3) วันไหว้ครูมีความสำคัญอย่างไร

   1. ครูจากโรงเรียนต่าง ๆ มาคุยกันเพื่อแลกความรู้

   2. นักเรียนกับอาจารย์มาเจอกันเพื่อคุยเรื่องต่าง ๆ

   3. นักเรียนให้ดอกไม้อาจารย์เพื่อขอบคุณ

   4. ครูให้ความรู้นักเรียน

4) ทำไมต้องมีวันครูและวันไหว้ครู

   1. นักเรียนต้องการขอบคุณครู   2. พ่อแม่อยากให้นักเรียนขอบคุณคุณครู

   3. เพราะเป็นวันหยุดพิเศษ   4. อาชีพครูเป็นอาชีพที่สำคัญ

5) ข้อใดผิด

   1. วันครูกับวันไหว้ครูเหมือนกัน   2. วันครูกับวันไหว้ครูต่างกัน

   3. ครูคือคนที่ให้ความรู้กับนักเรียน   4. อาชีพครูเป็นอาชีพที่ต้องขอบคุณ

【リスニング】

リスニング試験は**東京・大阪・名古屋** 12：50～13：00　**バンコク** 10：50～11：00 まで行われます。
※問題・質問ともに、２度放送されます。

1. 次のタイ語を聴いて、最も適切な番号をぬりつぶしなさい。

（例）放送されるタイ語　　**ใคร**

（選択肢）1.　誰　　2.　～したい　　3.　あげる　　4.　無くなる　　（答え）　　1

1)　1. 重い　　　　　　2. 軽い　　　　　　3. 多い　　　　　　4. 厚い

2)　1. 店員　　　　　　2. お客　　　　　　3. 外国人　　　　　4. 会員

3)　1. 歌う　　　　　　2. 怒る　　　　　　3. 笑う　　　　　　4. 泣く

4)　1. 居間　　　　　　2. 寝室　　　　　　3. 台所　　　　　　4. 教室

5)　1. 昼　　　　　　　2. 夜　　　　　　　3. 昨夜　　　　　　4. 今朝

2. 次のタイ語の質問文を聴いて、内容に適するものを選び、その番号をぬりつぶしなさい。

（例）放送されるタイ語　　**A สูงกว่า B และ C สูงกว่า A ใครสูงที่สุด**

（選択肢）1.　C　　2.　A　　3.　B　　4.　A＆B　　（答え）1

1)　1.　洗濯洗剤　　2.　シャンプー　　3.　石けん　　4.　歯ブラシ

2)　1.　砂糖　　　　2.　塩　　　　　　3.　コショウ　　4.　唐辛子

3)　1.　鶏　　　　　2.　牛　　　　　　3.　ウサギ　　　4.　馬

4)　1.　弁護士　　　2.　看護師　　　　3.　警察官　　　4.　秘書

5)　1.　大丈夫　　　2.　すみません　　3.　ありがとう　4.　気を付けて

解　答

【筆記試験】

1.

1) 3　　　2) 2　　　3) 3　　　4) 1　　　5) 4

6) 3　　　7) 4　　　8) 1　　　9) 2　　　10) 2

2.

1) 3　　　2) 3　　　3) 2　　　4) 2　　　5) 4

6) 1　　　7) 2　　　8) 4　　　9) 1　　　10) 3

3.

1) 4 2 1 3　　　2) 3 1 4 2　　　3) 4 1 2 3

4) 2 4 3 1　　　5) 1 3 2 4

4.

1) 2　　　2) 4　　　3) 1　　　4) 3　　　5) 1

5.

1) 2　　　2) 1　　　3) 4　　　4) 4　　　5) 3

6.

1) 3　　　2) 2　　　3) 4　　　4) 1　　　5) 3

7.

1) 3   2) 2   3) 3   4) 4   5) 1

【リスニング】

1.

1) 1   2) 4   3) 4   4) 3   5) 2

2.

1) 4   2) 2   3) 1   4) 3   5) 2

リスニング放送用

日本タイ語検定協会主催　２０２３年　春季　実用タイ語検定試験　４級
これよりリスニング試験を行います。
問題は全部で２題あります。例題がありますので、よく聴いて答えて下さい。

1. 次のタイ語を聴いて、最も適切な番号をぬりつぶしなさい。
　　問題は全部で５問あり、それぞれ２度放送します。解答時間は１問につき２０秒です。

　　(例) **ใคร**　答えは１番となります。では、問題を始めます。

1) **หนัก**

2) **สมาชิก**

3) **ร้องไห้**

4) **ห้องครัว**

5) **กลางคืน**

2．次のタイ語の質問文を聴いて、内容に適するものを選び、その番号をぬりつぶしなさい。
　　問題は全部で５問あり、それぞれ２度放送します。解答時間は１問につき２０秒です。

　　(例) A สูงกว่า B และ C สูงกว่า A ใครสูงที่สุด

　　答えは１番となります。では、問題を始めます。

1)　สิ่งที่ใช้แปรงฟันให้สะอาด

2)　อะไรที่ใส่อาหารแล้วมีรสชาติเค็ม

3)　สัตว์อะไรมี ๒ ขา

4)　คนที่มีอาชีพจับผู้ร้าย

5)　เวลาทำผิด ต้องพูดว่าอะไร

　　試験を終了します。ペンを置いて下さい。

日本タイ語検定協会主催

２０２３年　春季

実用タイ語検定試験　３級

การสอบวัดระดับความสามารถภาษาไทย ระดับที่ ๓

２０２３年６月１１日実施

試験時間　東京・大阪・名古屋　１３：４０～１４：５５

バンコク　　１１：４０～１２：５５

筆記試験　　６０分

（東京・大阪・名古屋１３：４０～１４：４０　バンコク　１１：４０～１２：４０）

リスニング試験　　１５分

（東京・大阪・名古屋１４：４０～１４：５５　バンコク　１２：４０～１２：５５）

受験番号＿＿＿＿＿＿＿＿＿＿

氏名＿＿＿＿＿＿＿＿＿＿＿＿

■ 受験上の注意 ■

① 試験開始の合図があるまで、問題用紙は開かないで下さい。

② 解答用紙に受験番号、氏名の記入のないものは受験無効となります。

③ 問題用紙にも必ず、受験番号、氏名をご記入下さい。

④ 問題用紙、解答用紙共に、試験終了後すべて回収します。会場からの持ち出しは厳禁です。

⑤ 解答の記入には、必ず黒鉛筆かシャープペンシルをお使い下さい。

⑥ 筆記試験時間は６０分です。筆記試験終了後、リスニング試験が行われますので、
　解答記入終了後も席を離れないようお願い致します。

⑦ 試験問題についての質問は受け付けません。

⑧ 不正行為を行われた場合、解答はすべて無効となります。

⑨ 試験会場内では、試験監督の指示に従って下さい。

■ マークシート要項の注意 ■

① 解答をマークする際は、はみ出さないように枠内を完全にぬりつぶして下さい。

② 解答を訂正する場合にはプラスティック消しゴムで完全に消して下さい。

■ マークシートの記入例 ■

〔良　い　例〕　　　　　　　　　　　〔悪　い　例〕

薄すぎる　　　　はみ出している　　　塗りが足りない

【筆記試験】

1. 次の（　　　）内に入れるのに最も適切な語を選び、その番号をぬりつぶしなさい。

1)　บุคคลภายนอกห้ามเข้า ก่อนได้รับ (　　　　　　)

　　1. สนับสนุน　　　　2. ยืนยัน　　　　3. อนุญาต　　　　4. ช่วยเหลือ

2)　ร้านเปิดทุกวัน (　　　　　) วันจันทร์

　　1. ยกเว้น　　　　2. หาก　　　　3. เพียงแค่　　　　4. โดยเฉพาะ

3)　กรุณา (　　　　) เดินขณะอยู่บนบันไดเลื่อน

　　1. งด　　　　2. ยกเลิก　　　　3. ฝึก　　　　4. เริ่มต้น

4)　นั่งรถยนต์ต้อง (　　　　　　) เข็มขัดนิรภัยทุกที่นั่ง ฝ่าฝืนปรับไม่เกิน ๒,๐๐๐
　　บาท

　　1. ผูก　　　　2. ดึง　　　　3. บีบ　　　　4. คาด

5)　ในทุก ๆ ปี ช่วงฤดูร้อนของญี่ปุ่นจะมี (　　　　　) ดอกไม้ไฟ

　　1. พิธี　　　　2. เทศกาล　　　　3. บรรยากาศ　　　　4. กิจกรรม

6)　(　　　　　) การแพร่ระบาดของโควิด-19 ทำให้จำนวนนักท่องเที่ยวลดลง

　　1. อาการ　　　　2. อุบัติเหตุ　　　　3. ตำแหน่ง　　　　4. สถานการณ์

7) สินค้าโปรโมชั่น ซื้อ ๒ (　　　　) ๑

    1. รับ　　　　　2. บวก　　　　　3. แถม　　　　　4. แลก

8) รับบัตรเครดิตตั้งแต่ ๓๐๐ บาท (　　　　)

    1. มากกว่า　　　2. ขึ้นไป　　　　3. อย่างน้อย　　　4. เกิน

9) เมื่อเช้ารถไฟฟ้าขัดข้อง ผม (　　　　) มาทำงานไม่ทัน

    1. ดังนั้น　　　　2. ทันที　　　　3. เกือบ　　　　4. ถึงแม้

10) เธอร้องเพลง (　　　　) มาก

    1. เพราะ　　　　2. สวย　　　　3. สะอาด　　　　4. สว่าง

2. 次の日本語を表すように単語を並び替え、（ **A** ）～（ **D** ）に入る正しい単語の数字を
ぬりつぶしなさい。

1) 姉は食事の管理で、ダイエットをしています。

พี่สาวลด（ **A** ）（ **B** ）（ **C** ）（ **D** ）

1. อาหาร	2. ด้วย	3. การควบคุม	4. น้ำหนัก

2) 会社側は必ずこの問題を解決します。

ทางบริษัทจะ（ **A** ）（ **B** ）（ **C** ）（ **D** ）

1. พยายาม	2. ให้ได้	3. แก้ไข	4. ปัญหานี้

3) 彼はゲームばかりしているのでお母さんに叱られました。

เขา (A) (B) (C) (D) โดนแม่ดุ

1. เกม	2. เล่น	3. จึง	4. แต่

4) 僕は各国の文化の違いについて勉強をしています。

ผมกำลังศึกษาเกี่ยวกับความแตกต่างของ (A) (B) (C) (D)

1. ใน	2. วัฒนธรรม	3. แต่ละ	4. ประเทศ

5) 必要な物なのでどれだけ高くても買わなければなりません。

เพราะเป็นสิ่งจำเป็น (A) (B) (C) (D)

1. แค่ไหน	2. ก็	3. แพง	4. ต้องซื้อ

6) 合ってるかどうかは自信がないです。なぜなら辞書を使わずに書いたので。

ไม่มั่นใจว่าจะถูกหรือเปล่า เนื่องจาก (A) (B) (C) (D)

1. เขียน	2. โดย	3. ใช้พจนานุกรม	4. ไม่ได้

7) 本を読むたびに眠くなります。

(A) (B) (C) (D)

1. ทีไร	2. ง่วงนอน	3. ทุกที	4. อ่านหนังสือ

8) 今日は大量の書類をコピーしたせいで、紙が無くなりました。

วันนี้ถ่ายเอกสาร (A) (B) (C) (D)

1. หมด	2. จำนวนมาก	3. ทำให้	4. กระดาษ

9) お客さんに部屋を紹介する途中でお腹が鳴りました。

(**A**)(**B**)(**C**)(**D**) ให้ลูกค้า

1. แนะนำ	2. ระหว่างที่	3. ท้องร้อง	4. ห้องพัก

10) ゆっくり食べてもいいですよ。でないと（食べ物が）喉に詰まりますよ。

(**A**)(**B**)(**C**)(**D**) ติดคอ

1. ก็ได้	2. เดี๋ยว	3. ค่อย ๆ	4. กิน

3. 次の文章を読んで、<u>内容と一致しないもの</u>を下記の選択肢から選び、
その番号をぬりつぶしなさい。

1) 私は彼と長い間会っていないので彼の顔を忘れてしまいました。

1. ฉันไม่ได้เจอกับเขานานก็เลยลืมหน้าตาเขาไปแล้ว

2. ฉันลืมหน้าเขาแล้ว เพราะไม่ได้เจอเขานาน

3. ฉันลืมเขาไปแล้ว เพราะว่าไม่ได้พบเขานาน

4. เพราะว่าฉันกับเขาไม่ได้พบกันนานก็เลยลืมหน้าเขาแล้ว

2) タイにはお寺や海だけではなく、良いところが色々あります。

1. เมืองไทยไม่ได้มีแค่วัดหรือทะเลเท่านั้น ยังมีที่ดี ๆ อีกหลายที่

2. ประเทศไทยนอกจากวัดกับทะเลแล้ว ยังมีสถานที่ดี ๆ อีกมากมาย

3. ที่ไทยมีสถานที่ดี ๆ มากมายไม่ได้มีแค่วัดกับทะเล

4. สถานที่ต่าง ๆ ในประเทศไทยมีดีมากมาย ยกเว้นวัดกับทะเล

3)　もうすぐ目的地に着きます。ご自分の荷物をご確認ください。

1. เราจะถึงจุดหมายใน ไม่ช้า โปรดระวังสัมภาระของตัวเองด้วยค่ะ

2. อีกไม่นานก็จะไปถึงจุดหมาย รบกวนตรวจสิ่งของของตัวเองด้วยนะคะ

3. ใกล้จะถึงที่หมายแล้ว เช็กสัมภาระของตัวเองด้วยค่ะ

4. อีกสักพักจะถึงที่หมายแล้ว สำรวจสิ่งของของท่านด้วยนะคะ

4)　タイ人であっても、タイのことを全部知っているわけではない。

1. ถึงจะเป็นคนไทยก็ไม่ใช่ว่าจะรู้เรื่องประเทศไทยทุกเรื่อง

2. แม้จะเป็นคนไทยก็ไม่ได้รู้ทุกอย่างเกี่ยวกับเมืองไทย

3. แม้ว่าจะเป็นคนไทยก็ไม่จำเป็นต้องรู้ทุกเรื่องของเมืองไทย

4. เป็นคนไทยแต่ก็ไม่รู้เรื่องของไทยทั้งหมด

5)　次は間違わないように気を付けます。

1. ต่อไปจะระวังไม่ให้ผิด

2. ครั้งหน้าจะดูให้ดีไม่ให้ผิดพลาด

3. คราวหน้าจะระวังไม่ให้เกิดความผิดพลาด

4. ตั้งแต่ครั้งนี้ไปอย่าให้ผิดพลาดอีก

4. 次の日本語の訳として最も適切なものをそれぞれ選択肢の中から選び、
その番号をぬりつぶしなさい。

1) 建築家

　　1. นักการเมือง　　2. สถาปนิก　　3. เภสัชกร　　4. บรรณาธิการ

2) 命令

　　1. คำทักทาย　　2. คำเตือน　　3. คำสั่ง　　4. คำสัญญา

3) わがまま

　　1. ใจดำ　　2. เป็นมิตร　　3. เย็นชา　　4. เอาแต่ใจ

4) 悩む

　　1. กลุ้มใจ　　2. โล่งใจ　　3. ท้อแท้　　4. สับสน

5) セミナー

　　1. แผนการ　　2. ขั้นตอน　　3. การกระทำ　　4. สัมมนา

5. 次の単語のうち、<u>正しい綴りのもの</u>を選択肢の中から一つ選び、
その番号をぬりつぶしなさい。

1)　1. ธุรกิจ　　2. ธุระกิด　　3. ทุรกิต　　4. ทุระกิจ

2)　1. กฎหมาย　　2. กดหมาย　　3. กตหมาย　　4. กฏหมาย

3)　1. หลงหลัย　　2. หลงไหล　　3. หลงใหล　　4. หรงไหร

4)　1. ก๋วยเตี๋ยว　　2. ก๋วยเตี๋ยว　　3. ก๋วยเตี๋ยว　　4. กวยเตี๋ยว

5)　1. ขโมย　　2. ขะโมย　　3. โขมย　　4. คะโมย

6. 次の空欄に入れるのに最も適切な文を下記の選択肢から選び、
その英文字をぬりつぶしなさい。尚、選択肢の使用は各１回のみとする。

พนักงาน : สวัสดีค่ะ _____(1)_____ ค่ะ

ลูกค้า : สวัสดีครับ ผมจองห้องไว้ชื่อยามาดะ ๒ ห้องครับ

พนักงาน : คุณยามาดะนะคะ ทางเรา _____(2)_____ ค่ะ

คุณยามาดะ ฮอนดะ จองไว้ทั้งหมด ๓ คืน ถูกต้องไหมคะ

ลูกค้า : ใช่ครับ

พนักงาน : ถ้าอย่างนั้น รบกวนขอพาสปอร์ตแล้วก็ _____(3)_____ ค่ะ

ลูกค้า : นี่ครับ

พนักงาน : ขอบคุณค่ะ แล้วก็ทางรีสอร์ท _____(4)_____ นะคะ โดยทางเราจะ

คืนให้หลังจากลูกค้าเช็คเอาท์ค่ะ

ลูกค้า : ตกลงครับ ทั้งหมด ๒,๐๐๐ บาทนะครับ

พนักงาน : ใช่ค่ะ รับมา ๒,๐๐๐ บาทพอดีนะคะ _____(5)_____ ค่ะ

ภายในห้องจะมีเตียง ตู้เย็น ทีวี น้ำดื่มห้องละ ๒ ขวด และ Wi-Fi ให้

ใช้ฟรี โดยลูกค้าต้องเช็คเอาท์ก่อนเที่ยง ถ้าหากเกินเวลาที่กำหนด

_____(6)_____ นะคะ

ลูกค้า : รับทราบครับ ผมขอถามอะไรหน่อยได้ไหมครับ

คือว่า... ผมเพิ่งเคยมาจังหวัดแม่ฮ่องสอนเป็นครั้งแรก วางแผนว่า

_____(7)_____ ครับ ส่วนที่เหลือยังไม่รู้ว่าจะไปเที่ยวที่ไหนดี

คุณพอจะมีที่เที่ยวอื่นแนะนำอีกไหมครับ

พนักงาน ： ดิฉัน _____(8)_____ ค่ะ อยู่ไกลจากที่นี่นิดหน่อย แต่เป็นสถานที่ที่

สวยมาก แล้วก็มี Thom's Pai Elephant Camp _____(9)_____ ค่ะ

ลูกค้า ： ขอบคุณมากครับ _____(10)_____

選択肢

A ： ขอเก็บค่ามัดจำห้อง ห้องละ ๑,๐๐๐ บาท

B ： จะไปเที่ยวที่บ้านรักไทย แล้วก็ไปดูหมอกที่ปางอุ๋ง

C ： แม่ฮ่องสอนรีสอร์ท ยินดีต้อนรับ

D ： ผมจะลองไปดู

E ： นี่กุญแจห้องของลูกค้า

F ： เป็นค่ายช้างที่มีกิจกรรมให้ทำกับช้างมากมาย

G ： เอกสารยืนยันการจองด้วย

H ： ขอแนะนำปายแคนย่อน

I ： ขอตรวจสอบข้อมูลสักครู่

J ： ทางรีสอร์ทจะขอคิดค่าบริการเพิ่มชั่วโมงละ ๕๐๐ บาท

7. 次の文章を読んで、下記の質問に対する答えの中から最も適切なものを選び、
その番号をぬりつぶしなさい。

มะนาวเป็นพืชชนิดหนึ่ง มีรสเปรี้ยว ผลสีเขียว เมื่อสุกมาก ๆ จะเป็นสีเหลือง
เปลือกบาง ภายในผลมีน้ำมาก นับเป็นผลไม้ที่มีคุณค่า นิยมใช้เป็นเครื่องปรุง
รส มะนาวสามารถนำไปปรุงอาหารไทยได้มากมาย เช่น ต้มยำ ยำวุ้นเส้น ส้มตำ
เป็นต้น มะนาวนอกจากใช้เพิ่มรสเปรี้ยวในอาหารหลายประเภทแล้ว ยังนิยม
นำมาทำเป็นเครื่องดื่มได้อีกด้วย ไม่ว่าจะเป็นน้ำมะนาว น้ำมะนาวโซดา น้ำผึ้ง
มะนาว ชามะนาว และอื่นๆ อีกทั้งมะนาวยังมีสรรพคุณทางยามากมาย เนื่องจาก
มีวิตามินเอและวิตามินซี ช่วยรักษาอาการไอ เจ็บคอ หวัด รักษาอาการท้องร่วง
ท้องอืด มะนาวมีความคล้ายกับเลมอน แต่ผลมะนาวจะมีรูปร่างกลม สีเขียว มี
ขนาดเล็กกว่าเลมอน ในขณะที่ผลเลมอนจะเป็นรูปวงรี สีเหลืองสด เปลือกหนา
และมีรูปร่างที่ใหญ่กว่า ทั้งมะนาวและเลมอนจะให้รสเปรี้ยวคล้ายคลึงกัน แต่
มะนาวจะมีรสขมกว่าเล็กน้อย เลมอนจะมีรสหวานกว่า ส่วนราคามะนาวจะมี
ราคาถูกกว่าราคาเลมอนมาก แต่เมื่อเข้าสู่ช่วงฤดูร้อนประมาณเดือนมีนาคม -
เมษายนของทุกปี มะนาวจะให้ผลผลิตลดลง ๖๐ – ๗๐ % ราคามะนาวในช่วงนี้
จึงมีราคาสูงกว่าปกติถึง ๕ - ๑๐ เท่า

1) มะนาวมีรูปร่างอย่างไร

   1. ผลสีเหลือง วงรี เล็ก เมื่อสุกมาก ๆ จะเป็นสีเขียว

   2. ผลสีเขียว กลม เล็ก เมื่อสุกมาก ๆ จะเป็นสีเหลือง

   3. ผลสีเขียว กลม ใหญ่ เมื่อสุกมาก ๆ จะเป็นสีเหลืองสด

   4. ผลสีเหลือง กลม ใหญ่ เมื่อสุกมาก ๆ จะเป็นสีเขียว

2) ข้อใด<u>ไม่ใช่</u>ประโยชน์ของมะนาว

    1. ใช้เป็นเครื่องปรุงรส   2. ใช้ทำเป็นเครื่องดื่ม

    3. ใช้เป็นยารักษาโรค   4. ใช้ทำเป็นเครื่องสำอาง

3) เพราะเหตุใดมะนาวจึงมีสรรพคุณทางยา

    1. มีรสชาติขม

    2. มีวิตามินเอและซี

    3. มีวิตามินดี

    4. มีเกลือแร่

4) สาเหตุใดที่ทำให้มะนาวมีราคาแพงในช่วงหน้าร้อน

    1. มะนาวให้ผลผลิตเยอะไป

    2. ปริมาณฝนมากกว่าปกติ

    3. ผลผลิตของมะนาวลดน้อยลง

    4. มะนาวจะผลใหญ่กว่าปกติ

5) ข้อใด<u>ผิด</u>

    1. มะนาวกับเลมอนมีรสชาติเหมือนกัน

    2. มะนาวมีเปลือกบางกว่าเลมอน

    3. มะนาวช่วยรักษาอาการไอ เจ็บคอ

    4. ช่วงปกติราคามะนาวจะถูกกว่าเลมอน

【リスニング】

リスニング試験は**東京・大阪・名古屋** 14：40〜14：55　**バンコク** 12：40〜12：55 まで行われます。
※問題・質問ともに、２度放送されます。

1. 次のタイ語の質問文を聴いて、その答えとして最も適切なものを選択肢の中から選び、
その番号をぬりつぶしなさい。

1) 1. ทุเรียน　　　　　　　　2. สับปะรด

　　3. ฟักทอง　　　　　　　　4. ขนุน

2) 1. แม่บ้าน　　　　　　　　2. แม่ครัว

　　3. แม่ค้า　　　　　　　　4. เลขานุการ

3) 1. หน้าต่าง　　　　　　　　2. กระจก

　　3. แว่นตา　　　　　　　　4. แก้ว

4) 1. เครื่องแต่งกาย　　　　　2. หวี

　　3. เครื่องประดับ　　　　　4. เครื่องสำอาง

5) 1. สนุกเกอร์　　　　　　　2. มวย

　　3. ยิมนาสติก　　　　　　　4. ยกน้ำหนัก

2023年 春季 実用タイ語検定試験 3級

2. 次のタイ語の長文を聴いて、後の質問に対する答えとして最も適切なものを選択肢の中から選び、その番号をぬりつぶしなさい。

1)　1. ภาคเหนือ　　　　　　　2. ภาคใต้

　　3. ภาคตะวันออก　　　　　4. ภาคกลาง

2)　1. ดอกทานตะวัน　　　　　2. ลิง

　　3. พระปรางค์สามยอด　　　4. เขื่อนป่าสักชลสิทธิ์

3)　1. มีลิงอยู่ในเมืองร่วมกับคนเป็นจำนวนมาก

　　2. นักท่องเที่ยวชอบลิง

　　3. คนลพบุรีส่วนใหญ่รักลิง

　　4. เพื่อโปรโมทการท่องเที่ยว

4)　1. ร้องเสียงดัง ๆ　　　　　2. ยืนเฉย ๆ

　　3. ทำให้ลิงตกใจ　　　　　4. ค่อย ๆ นั่งลงกับพื้น

5)　1. ลพบุรีมีสถานที่และสิ่งของโบราณมากมาย

　　2. บริเวณรอบศาลพระกาฬมีลิงเยอะ

　　3. นักท่องเที่ยวไม่มาลพบุรีเพราะกลัวลิง

　　4. ลิงจะมากินอาหารที่คนเอามาไหว้ที่ศาลพระกาฬ

解　答

【筆記試験】

1.

1) 3　　　2) 1　　　3) 1　　　4) 4　　　5) 2

6) 4　　　7) 3　　　8) 2　　　9) 3　　　10) 1

2.

1) 4 2 3 1　　　2) 1 3 4 2　　　3) 2 4 1 3　　　4) 2 1 3 4

5) 3 1 2 4　　　6) 1 2 4 3　　　7) 4 1 2 3　　　8) 2 3 4 1

9) 3 2 1 4　　　10) 3 4 1 2

3.

1) 3　　　2) 4　　　3) 1　　　4) 3　　　5) 4

4.

1) 2　　　2) 3　　　3) 4　　　4) 1　　　5) 4

5.

1) 1　　　2) 4　　　3) 3　　　4) 2　　　5) 1

6.

1) C   2) I   3) G   4) A   5) E

6) J   7) B   8) H   9) F   10) D

7.

1) 2   2) 4   3) 2   4) 3   5) 1

【リスニング】

1.

1) 3   2) 1   3) 2   4) 4   5) 2

2.

1) 4   2) 2   3) 1   4) 4   5) 3

リスニング放送用

日本タイ語検定協会主催　２０２３年　春季　実用タイ語検定試験　３級
これよりリスニング試験を行います。問題は全部で２題あります。

1. 次のタイ語の質問文を聴いて、その答えとして最も適切なものを選択肢の中から選び
   その番号をぬりつぶしなさい。問題は全部で５問あり２度放送されます。
   解答時間は１問につき２０秒です。では問題を始めます。

1) ผลไม้ที่เป็นสัญลักษณ์วันฮาโลวีน เปลือกแข็ง เนื้อสีเหลืองหรือส้ม

2) ผู้หญิงที่ทำหน้าที่ดูแลเรื่องความสะอาดภายในอาคารต่าง ๆ

3) สิ่งที่ใช้ส่องเพื่อดูรูปร่างหน้าตาและการแต่งกายของตัวเอง

4) ผลิตภัณฑ์ที่ใช้ตกแต่งผิวเพื่อทำให้เกิดความสวยงาม

5) กีฬาที่ต้องใช้นวมและเวทีในการแข่งขัน

2. 次のタイ語の長文を聴いて、後の質問に対する答えとして最も適切なものを
   選択肢の中から選び、その番号をぬりつぶしなさい。長文、質問ともに２度放送します。
   質問は全部で５問あります。解答時間は質問１問につき２０秒です。
   放送中にメモをとっても構いません。では問題を始めます。

ลพบุรี เป็นจังหวัดที่อยู่ในภาคกลางของประเทศไทย และมีความสำคัญทาง
ประวัติศาสตร์เหมือนกับอยุธยาและสุโขทัย มีสถานที่และสิ่งของโบราณเก่าแก่

จำนวนมาก นอกจากนี้ยังมีสถานที่ท่องเที่ยวที่น่าสนใจอีกมากมาย เช่น เขื่อนป่า
สักชลสิทธิ์ ทุ่งทานตะวัน พระปรางค์สามยอด ศาลพระกาฬ เป็นต้น ถ้าพูดถึง
จังหวัดลพบุรี หลายคนก็คงจะนึกถึงลิง จนลพบุรีถูกเรียกว่าเมืองลิงไปเสียแล้ว
มีการนำลิงมาโปรโมทการท่องเที่ยวทำให้มีนักท่องเที่ยวมาเที่ยวมากมาย ลิงจึง
เปรียบเสมือนสัญลักษณ์ของจังหวัดไปแล้ว เนื่องจากมีลิงหลายร้อยตัวอาศัยอยู่ใน
เมืองร่วมกับคนโดยเฉพาะบริเวณรอบศาลพระกาฬ เวลามีคนนำอาหารและผลไม้
มาไหว้ที่ศาลพระกาฬ ลิงก็จะเข้ามากิน ทำให้คนที่มาเที่ยวได้ชมความน่ารักของ
ลิงไปด้วย อีกทั้งยังสามารถซื้ออาหารให้กับลิงได้อีกด้วย ถึงแม้ลิงที่นี่จะน่ารัก
น่าเล่นด้วย แต่ก็ต้องระวังด้วย เพราะลิงบางตัวก็ไม่น่ารัก ชอบแย่งสิ่งของจาก
นักท่องเที่ยว และถ้าหากถูกลิงกระโดดขึ้นหัว ขึ้นไหล่ อย่าปัด อย่าร้องกรี๊ด เพราะ
ลิงจะตกใจ ให้ค่อย ๆ นั่งลงกับพื้นเดี๋ยวลิงก็จะกระโดดลงไปเอง

質問

1) จังหวัดลพบุรีตั้งอยู่ในภาคใดของประเทศไทย

2) สิ่งที่เปรียบเหมือนสัญลักษณ์ของจังหวัดลพบุรีคืออะไร

3) เพราะเหตุใดจึงเรียกจังหวัดลพบุรีว่าเมืองลิง

4) ถ้าถูกลิงกระโดดขึ้นหัว ต้องทำอย่างไร

5) ข้อใดกล่าวไม่ถูกต้อง

試験を終了します。ペンを置いて下さい。

筆記1	1		① ② ③ ④
	2		① ② ③ ④
	3		① ② ③ ④
	4		① ② ③ ④
	5		① ② ③ ④
	6		① ② ③ ④
	7		① ② ③ ④
	8		① ② ③ ④
	9		① ② ③ ④
	10		① ② ③ ④
筆記2	1	A	① ② ③ ④
		B	① ② ③ ④
		C	① ② ③ ④
		D	① ② ③ ④
	2	A	① ② ③ ④
		B	① ② ③ ④
		C	① ② ③ ④
		D	① ② ③ ④
	3	A	① ② ③ ④
		B	① ② ③ ④
		C	① ② ③ ④
		D	① ② ③ ④
	4	A	① ② ③ ④
		B	① ② ③ ④
		C	① ② ③ ④
		D	① ② ③ ④
	5	A	① ② ③ ④
		B	① ② ③ ④
		C	① ② ③ ④
		D	① ② ③ ④

筆記2	6	A	① ② ③ ④
		B	① ② ③ ④
		C	① ② ③ ④
		D	① ② ③ ④
	7	A	① ② ③ ④
		B	① ② ③ ④
		C	① ② ③ ④
		D	① ② ③ ④
	8	A	① ② ③ ④
		B	① ② ③ ④
		C	① ② ③ ④
		D	① ② ③ ④
	9	A	① ② ③ ④
		B	① ② ③ ④
		C	① ② ③ ④
		D	① ② ③ ④
	10	A	① ② ③ ④
		B	① ② ③ ④
		C	① ② ③ ④
		D	① ② ③ ④
筆記3	1		① ② ③ ④
	2		① ② ③ ④
	3		① ② ③ ④
	4		① ② ③ ④
	5		① ② ③ ④
	6		① ② ③ ④
	7		① ② ③ ④
	8		① ② ③ ④
	9		① ② ③ ④
	10		① ② ③ ④

筆記4	1	① ② ③ ④
	2	① ② ③ ④
	3	① ② ③ ④
	4	① ② ③ ④
	5	① ② ③ ④
	6	① ② ③ ④
	7	① ② ③ ④
	8	① ② ③ ④
	9	① ② ③ ④
	10	① ② ③ ④
筆記5	1	① ② ③ ④
	2	① ② ③ ④
	3	① ② ③ ④
	4	① ② ③ ④
	5	① ② ③ ④
筆記6	1	① ② ③ ④
	2	① ② ③ ④
	3	① ② ③ ④
	4	① ② ③ ④
	5	① ② ③ ④
リスニング1	1	① ② ③ ④
	2	① ② ③ ④
	3	① ② ③ ④
	4	① ② ③ ④
	5	① ② ③ ④
リスニング2	1	① ② ③ ④
	2	① ② ③ ④
	3	① ② ③ ④
	4	① ② ③ ④
	5	① ② ③ ④

通年	4 級	受験番号（左詰め）	氏名	
共通				

(1) 受験番号は【英字を含めた全ての桁】を記入して下さい。　(2) 機械で読み取るため【丁寧な文字】で記入して下さい。

筆記1	1	① ② ③ ④
	2	① ② ③ ④
	3	① ② ③ ④
	4	① ② ③ ④
	5	① ② ③ ④
	6	① ② ③ ④
	7	① ② ③ ④
	8	① ② ③ ④
	9	① ② ③ ④
	10	① ② ③ ④
筆記2	1	① ② ③ ④
	2	① ② ③ ④
	3	① ② ③ ④
	4	① ② ③ ④
	5	① ② ③ ④
	6	① ② ③ ④
	7	① ② ③ ④
	8	① ② ③ ④
	9	① ② ③ ④
	10	① ② ③ ④

筆記3	1	A	① ② ③ ④
		B	① ② ③ ④
		C	① ② ③ ④
		D	① ② ③ ④
	2	A	① ② ③ ④
		B	① ② ③ ④
		C	① ② ③ ④
		D	① ② ③ ④
	3	A	① ② ③ ④
		B	① ② ③ ④
		C	① ② ③ ④
		D	① ② ③ ④
	4	A	① ② ③ ④
		B	① ② ③ ④
		C	① ② ③ ④
		D	① ② ③ ④
	5	A	① ② ③ ④
		B	① ② ③ ④
		C	① ② ③ ④
		D	① ② ③ ④
筆記4	1		① ② ③ ④
	2		① ② ③ ④
	3		① ② ③ ④
	4		① ② ③ ④
	5		① ② ③ ④

筆記5	1	① ② ③ ④
	2	① ② ③ ④
	3	① ② ③ ④
	4	① ② ③ ④
	5	① ② ③ ④
筆記6	1	① ② ③ ④
	2	① ② ③ ④
	3	① ② ③ ④
	4	① ② ③ ④
	5	① ② ③ ④
筆記7	1	① ② ③ ④
	2	① ② ③ ④
	3	① ② ③ ④
	4	① ② ③ ④
	5	① ② ③ ④
リスニング1	1	① ② ③ ④
	2	① ② ③ ④
	3	① ② ③ ④
	4	① ② ③ ④
	5	① ② ③ ④
リスニング2	1	① ② ③ ④
	2	① ② ③ ④
	3	① ② ③ ④
	4	① ② ③ ④
	5	① ② ③ ④

筆記1

1	① ② ③ ④
2	① ② ③ ④
3	① ② ③ ④
4	① ② ③ ④
5	① ② ③ ④
6	① ② ③ ④
7	① ② ③ ④
8	① ② ③ ④
9	① ② ③ ④
10	① ② ③ ④

筆記2

1	A	① ② ③ ④
	B	① ② ③ ④
	C	① ② ③ ④
	D	① ② ③ ④
2	A	① ② ③ ④
	B	① ② ③ ④
	C	① ② ③ ④
	D	① ② ③ ④
3	A	① ② ③ ④
	B	① ② ③ ④
	C	① ② ③ ④
	D	① ② ③ ④
4	A	① ② ③ ④
	B	① ② ③ ④
	C	① ② ③ ④
	D	① ② ③ ④
5	A	① ② ③ ④
	B	① ② ③ ④
	C	① ② ③ ④
	D	① ② ③ ④

筆記2（続き）

6	A	① ② ③ ④
	B	① ② ③ ④
	C	① ② ③ ④
	D	① ② ③ ④
7	A	① ② ③ ④
	B	① ② ③ ④
	C	① ② ③ ④
	D	① ② ③ ④
8	A	① ② ③ ④
	B	① ② ③ ④
	C	① ② ③ ④
	D	① ② ③ ④
9	A	① ② ③ ④
	B	① ② ③ ④
	C	① ② ③ ④
	D	① ② ③ ④
10	A	① ② ③ ④
	B	① ② ③ ④
	C	① ② ③ ④
	D	① ② ③ ④

筆記3

1	① ② ③ ④
2	① ② ③ ④
3	① ② ③ ④
4	① ② ③ ④
5	① ② ③ ④

筆記4

1	① ② ③ ④
2	① ② ③ ④
3	① ② ③ ④
4	① ② ③ ④
5	① ② ③ ④

筆記5

1	① ② ③ ④
2	① ② ③ ④
3	① ② ③ ④
4	① ② ③ ④
5	① ② ③ ④

筆記6

1	Ⓐ Ⓑ Ⓒ Ⓓ Ⓔ Ⓕ Ⓖ Ⓗ Ⓘ Ⓙ
2	Ⓐ Ⓑ Ⓒ Ⓓ Ⓔ Ⓕ Ⓖ Ⓗ Ⓘ Ⓙ
3	Ⓐ Ⓑ Ⓒ Ⓓ Ⓔ Ⓕ Ⓖ Ⓗ Ⓘ Ⓙ
4	Ⓐ Ⓑ Ⓒ Ⓓ Ⓔ Ⓕ Ⓖ Ⓗ Ⓘ Ⓙ
5	Ⓐ Ⓑ Ⓒ Ⓓ Ⓔ Ⓕ Ⓖ Ⓗ Ⓘ Ⓙ
6	Ⓐ Ⓑ Ⓒ Ⓓ Ⓔ Ⓕ Ⓖ Ⓗ Ⓘ Ⓙ
7	Ⓐ Ⓑ Ⓒ Ⓓ Ⓔ Ⓕ Ⓖ Ⓗ Ⓘ Ⓙ
8	Ⓐ Ⓑ Ⓒ Ⓓ Ⓔ Ⓕ Ⓖ Ⓗ Ⓘ Ⓙ
9	Ⓐ Ⓑ Ⓒ Ⓓ Ⓔ Ⓕ Ⓖ Ⓗ Ⓘ Ⓙ
10	Ⓐ Ⓑ Ⓒ Ⓓ Ⓔ Ⓕ Ⓖ Ⓗ Ⓘ Ⓙ

筆記7

1	① ② ③ ④
2	① ② ③ ④
3	① ② ③ ④
4	① ② ③ ④
5	① ② ③ ④

リスニング1

1	① ② ③ ④
2	① ② ③ ④
3	① ② ③ ④
4	① ② ③ ④
5	① ② ③ ④

リスニング2

1	① ② ③ ④
2	① ② ③ ④
3	① ② ③ ④
4	① ② ③ ④
5	① ② ③ ④

主催：特定非営利活動法人 日本タイ語検定協会　　　　後援：タイ王国大使館／タイ王国総領事館

実用タイ語検定試験 [タイ検] 受験願書

出願後の受験級と受験会場の変更、検定料返還、出願取消、受験日の変更は一切受付出来ませんので予めご了承下さい

受験日	年　春季・秋季　月　日	受付番号	受験番号	写真添付欄

※最近6ヶ月以内に撮影した上半身脱帽、正面の写真（3cm×4cm）であること。カラー・白黒は問わない。

受験会場	受験級（春季は5級～準2級のみ）	併願級の有無 ※1
東京・大阪・名古屋・バンコク	5・4・3・準2・2・1	有・無　　　　級

1次免除（前回2次試験の不合格者のみ）	2次試験 希望地 ※2	現在の所有級
希望する・希望しない	東京・バンコク	級

ローマ字 氏　名	（姓）	（名）	男 女

生年月日	西暦　　　年　　　月　　　日　　満　　　才

受験票や試験結果を勤務先へ送付希望の場合は「法人名」「受取担当者名」を必ず記入して下さい

フリガナ 現住所 ※3	〒　　　　（郵便番号必須）

電話番号 ※4	（自宅）　　　　（携帯）　　　　（勤務先）
FAX	E-mail

フリガナ 勤務先名 学校名	（勤務先へ送付希望の場合は「法人名」「受取担当者名」を必ず記入して下さい）

職　業	1. 会社員　2. 公務員　3. 自営　4. 派遣・契約　5. パート・アルバイト　6. 学生　7. 主婦　8. その他（　　　）

協会からのご案内（次回分パンフレットなど）	1. 希望する　　　2. 希望しない

アンケートにご協力下さい

Q1. タイ検をどこでお知りになりましたか？
　　1. パンフレット（入手先：　　　　　　　　）2. 書店　3. インターネット　4. その他（　　　　）

Q2. タイ渡航歴はどの位ですか？　　　1. ある（通算　　年　　ヶ月　　日間）　2. 無い

Q3. タイ語学習歴はどの位ですか？　　1.（　　年　　ヶ月　　日間）2.（　　時間）　3. 無い

Q4. タイ語はどこで習いましたか？
　　1. 独学　2. 学校・教室（場所：タイ・日本・それ以外の国 ／ 学校・教室名：　　　　　　）
　　3. その他（具体的に　　　　　　　　）

Q5. タイ検を受ける動機は？
　　1. 自分の実力を試したい　2. 将来の備えとして　3. 就職に有利だから　4. 資格の一つとして
　　5. 会社・学校からの指示で　6. その他（

Q6. タイ検以外の語学検定を持っていますか？（検定名：　　　　　　／　級：　　　　）

※1 併願の方は願書をコピーして級毎に作製して下さい。規定サイズはA4サイズです。
※2 2次試験は東京、バンコクで行います。大阪、名古屋では行いません。
※3 タイ在住、もしくは日本国外在住の方は住所をローマ字で記入して下さい。
※4 ご自宅または携帯番号を必ずご記入下さい。出願内容に不備があった場合、確認が取れない為、受理出来ません。

協会使用欄	受付日	年　月　日　（ P ・ W ・ T ・ K ・ B ）
	受験票送付日	年　月　日　（　　　　　　　　）
	結果送付日	年　月　日　（ 1次：合・否 ／ 2次：合・否 ）

特定非営利活動法人 日本タイ語検定協会

特定非営利活動法人日本タイ語検定協会

タイ語講座
ご案内

日本におけるタイ語の普及啓発と
学習者の能力向上活動の一環として
日本タイ語検定協会では習熟度に応じた
タイ語講座を開講しています。

協会認定の上級講師が、過去問題の傾向を踏まえ、設問に対する考え方や
解法の解説を行い、各能力の向上と知識の発展を図りつつ、
試験合格を目標とした講義を行います。

● 5 級レベル講座（ローマ字式発音記号を習得済の方が対象）

● 4 級レベル講座（タイ文字の読み書きを習得済の方が対象）

● 3 級レベル講座（4 級を合格済の方が対象、それ以外の方は応相談）

開催日や申し込み方法について

開講スケジュール・申し込み方法などの詳細は
協会ホームページ内「タイ語講座のご案内」にてご確認下さい。

http://www.thaigokentei.com/course.html

⊤LS TLS出版社

การสอบวัดระดับความสามารถภาษาไทย
ข้อสอบและคำเฉลยปี ๒๐๒๒ - ๒๐๒๓
ระดับ ๓ ถึงระดับ ๕ พร้อมไฟล์เสียง MP3

実用タイ語検定試験　過去問題と解答
2022年秋季　2023年春季
3級～5級　リスニングテスト 音声ダウンロード付

2024 年 3 月 31 日　初版発行

著　者　特定非営利活動法人 日本タイ語検定協会
編　集　ＴＬＳ出版編集部
発　行　ＴＬＳ出版社
発　売　星雲社（共同出版社・流通責任出版社）

● 新宿校　　　　（Tokyo Shinjuku Office）
〒 160-0021 東京都新宿区歌舞伎町 2-41-12 岡埜ビル 6F
Tel：03-5287-2034　　　　E-mail：tokyo@tls-group.com

● 秋葉原校　　　（Tokyo Akihabara Office）
〒 101-0024 東京都千代田区神田和泉町 1-8-10 神田ＴＨビル 4F
Tel：03-5825-9400　　　　E-mail：akiba@tls-group.com

● 大阪校　　　　（Osaka Umeda Office）
〒 530-0056 大阪府大阪市北区兎我野町 9-23 聚楽ビル 5F
Tel：06-6311-0241　　　　E-mail：school@tls-group.com

アソーク校　　（Bangkok Asok Office）
14Fl., Times Square Building 246 Sukhumvit Rd,
Between Soi 12-14 Khlongtoey, Bangkok 10110 Thailand
Tel：02-653-0887　　　　E-mail：tls@tls-bangkok.com

シーロム校　　（Bangkok Silom Office）Tel：02-632-9440　　E-mail：tls@tls-silom.com

プロンポン校　（Bangkok Phromphong Office）Tel：02-662-2584　　E-mail：tlssoi33@gmail.com

トンロー校　　（Bangkok Thonglo Office）Tel：02-714-2229　　E-mail：tlssoi53@gmail.com

シラチャ校　　（Chonburi Sriracha Office）Tel：038-323-707　　E-mail：tlssriracha@hotmail.com

パタヤ校　　　（Chonburi Pattaya Office）Tel：033-084-422　　E-mail：info@learninpattaya.com

http://www.tls-group.com
ＴＬＳ出版社の書籍は、書店または弊社 HP にてお買い求めください。
本書に関するご意見・ご感想がありましたら、上記までご連絡ください。

ISBN 978-4-434-33534-1 C2087　　　　　　　　　印刷　シナノ書籍印刷 株式会社